JESSEN
WAS VOM ADEL BLIEB
ZU KLAMPEN

Reihe zu Klampen Essay
Herausgegeben von
Anne Hamilton

Jens Jessen,
geboren 1955 in Berlin, arbeitete
nach dem Studium der Germanistik und
Kunstgeschichte in Berlin und München
zunächst als Verlagslektor, dann als Reise-
redakteur, Feuilletonredakteur und Berliner
Korrespondent bei der »Frankfurter Allgemeinen Zeitung«. 1996 wurde er Feuilleton-
chef bei der »Berliner Zeitung«, 2000 dann
bei der »ZEIT«. Seit 2012 ist er im Feuilleton
der »ZEIT« Redakteur ohne besondere
Aufgaben. Er unterrichtete an den Univer-
sitäten Leipzig, Basel und Lüneburg, zu
seinen letzten Buchveröffentlichungen gehören die Essaybände »Deutsche Lebenslü-
gen« (2000) und »Fegefeuer des Marktes«
(2006, als Hrsg.) sowie der Roman
»Im falschen Bett« (2014).

JENS JESSEN

Was vom Adel blieb

Eine bürgerliche Betrachtung

zu Klampen Essay

Inhalt

Stolz ohne Leistung · 9

Die Geschichte,
ein Missverständnis · 18

Das Herz, die Konvention · 29

Der Andere, der Bürger · 40

Seelenleben, Bildungsverfall · 57

Betriebsgeheimnisse · 67

Rangordnungen, Kränkungen · 79

Das unverlierbare Erbe · 96

OBWOHL ich geneigt bin, den europäischen Adel als eine Art genetisches Weltkulturerbe zu betrachten, kostbar, staunenswert und bedroht, soll er in dieser Betrachtung keinem nostalgischen Blick ausgesetzt werden. Die Fotosafari in seine Reservate kann man getrost der Klatschpresse überlassen. Er soll auch nicht als Gegenstand der Satire dienen, so leicht sich ein Reigen karikaturesker Gestalten und bizarrer Umstände entfalten ließe. Es geht um lebende Menschen und gegenwärtige Verhältnisse, also um die schönen und befremdenden Reste einer Vormoderne, die geeignet sind, der verbürgerlichten Gesellschaft von heute einen Spiegel vorzuhalten. In diesem Spiegel sehen wir nicht nur, was der demokratische Fortschritt überwunden und besiegt hat, sondern auch, was er verloren und weggeworfen, der Würde des Menschseins entzogen hat.

Stolz ohne Leistung

DER Spiegel, den uns der Adel vorhält, ähnelt in gewisser Hinsicht dem Spiegel, den uns das Lumpenproletariat vorhält, das es aller Schönrednerei zum Trotz noch immer in Form dauerhaft erwerbsloser oder prekär beschäftigter Menschen gibt. Hier wie dort, am unteren wie am ehemals oberen Rand der Gesellschaft, herrscht die gleiche Bedeutungslosigkeit von Arbeit und Leistung. Es gelten nicht Tun und Haben, sondern das reine Sein. Als Graf wird man geboren; das lässt sich durch Berufserfolge nicht steigern, durch Armut und Untüchtigkeit aber auch nicht nennenswert mindern. Insofern fehlt jene Vergötzung der Leistung, die für den bürgerlich mobilen Teil der Gesellschaft so charakteristisch ist. Gleichgültigkeit gegenüber Anstrengung und Tüchtigkeit findet sich aber auch in den Milieus, deren Angehörige seit langem auf staatliche Hilfe angewiesen sind – ein Status, der oft ebenfalls durch Geburt erworben und über Generationen weitergegeben wird. Was die Unverlierbarkeit des Adelsprädikats für den Grafen ist, ist für den geborenen Sozialhilfeempfänger die Unerreichbarkeit von auskömmlicher Arbeit, öffentlicher Teilhabe und Anerkennung.

Man muss die Asymmetrie der Bedingungen und Lebensumstände nicht unterschlagen, um die Parallele zu erkennen. Selbstverständlich ist der Aristokrat eher selten obdachlos (es sei denn nach einer Revolution) oder wohnt nur selten dauerhaft in einer Laube (es sei denn ehedem in der Sowjetunion).[1] Wenn es aber so wäre, würde es wenig ändern. Sein gesicherter, durch Besitz und Leistung nicht weiter beeinflussbarer Status ist ihm gewissermaßen von Anfang an auf dem Lebenskonto gutgeschrieben, während sie dem Lumpenproletarier erst durch ein dauerhaftes Leistungsminus bewusst wird: als ein Sockelbetrag, der wunderbarerweise

---

1 Als Laube bezeichnet der Berliner die wackligen Schrebergartenhäuschen, die staatlicherseits nicht als Wohnung genehmigt sind. Tatsächlich gab es im alten Westberlin einen russischen Fürsten der weißen Emigration, der dauerhaft in einer solchen Laube wohnte. Über die Zeiten hatte er sie in ein ziemlich solides russisches Blockhaus verwandelt, was indes nichts daran änderte, dass sie nur schlecht geheizt werden konnte und der Fürst stets mehrere Pullover und darüber noch einen Mantel trug. Bürgerliche Besucher (und er hielt alle Besucher für bürgerlich) empfing er mit einer ironischen Unterwürfigkeit, als wolle er zu erkennen geben, dass er in ihren Augen selbstverständlich nichts gelte, aber dass es auch einmal andere Zeiten gegeben habe, ganz andere Zeiten... Zeiten, in denen man mit solchen Bürschchen wie den Besuchern auch ganz anders verfahren wäre. Der Fürst umwuselte und bediente die Bürschchen mit der Beflissenheit eines Lakaien, aber auch dies schien nur sagen zu wollen, dass er, der Fürst, im Gegensatz zu ihnen, den bürgerlichen Besuchern, noch wusste, wie Lakaien so etwas machten. So hat der Adel, auch der abgebrannteste, vielfältige Möglichkeiten, einen Standesunterschied zu markieren, und sei es durch übertrieben vorsichtige Höflichkeit. Diese Höflichkeit hat den Charakter von Handschuhen, die man überstreift, um den direkten Kontakt mit befremdlichen Substanzen zu vermeiden.

nicht abgebucht werden kann. Er fällt gewissermaßen auf die Würde des bloßen Seins zurück, nachdem die Unbeeinflussbarkeit seiner Umstände durch Arbeit und Tüchtigkeit offenbar geworden ist.

In der Sozialpsychologie gilt die oft übersehene Regel, dass Resignation einen ähnlichen Grad der Unabhängigkeit wie der Adelsstolz erzeugt. Im übrigen sollte aber auch der Stolz nicht unterschätzt werden, mit dem der Dauerarbeitslose, vielleicht noch im Unterhemd, aber schon mit einem Bier in der Hand, dem beschäftigten Teil der Gesellschaft gegenübertritt. Wenn er sich überhaupt für den besorgten Nachbarn oder Sozialarbeiter interessiert, der ihn aus der Mittagsruhe scheucht, wird er ihn mit der gleichen Kälte mustern wie in alten Zeiten der Aristokrat den Krämer, der verlegen in der Halle des Schlosses seinen Hut in den Händen dreht und Außenstände eintreiben möchte.

Der Grund liegt in der perspektivischen Distanz. Sie ist keine Frage von oben und unten. Wie der Krämer für den Schlossherrn ist der besorgte Nachbar oder Sozialarbeiter für den Dauerarbeitslosen nur der Vertreter einer fernen Welt von ärgerlichen Regeln, deren Befolgung keinen Nutzen verspricht. Nichts wäre gewonnen für den Grafen, wenn er seine Schulden bezahlte, er hätte nur Geld verloren. Gerichtsvollzieher waren in Feudalzeiten kaum zu fürchten, sie konnten ignoriert werden; im übrigen verbat es die Ehre, Schulden pünktlich zu bezahlen, es hätte den Eindruck von Eilfertigkeit gemacht.[2] Genauso klar und stolz (oder mit genauso wenig Verständnis für die Paragraphenwelt) sieht der notorische Empfänger staatlicher Unterstützung, dass er nur sein bisschen Schwarzgeld verlöre, wenn er sich auf die Kontrolleure der bürgerlichen Mehrheitsgesellschaft einließe. Sie gelten ihm als gänzlich bedeutungslose Boten aus einer für ihn gänzlich bedeutungslosen Welt, die ihm nichts geben wird und der er schon deswegen nichts schuldet.

Um die strukturelle Parallele zu erkennen, reichte es im Grunde schon, das soziale Bewegungsprofil zu vergleichen. Wer bewegt sich und wohin? Der Graf bewegt sich nicht. Er kann sich nicht verbessern und bleibt nach Möglichkeit auf seinem Schloss. Der Dauerarbeitslose wäre, wenn er dem Drängen des Jobcenters nachgäbe, in einem der neuen Billigjobs nicht gesicherter; also bewegt auch er sich nicht. Noch leichtfertiger wäre für ihn ein Wechsel der Wohnung, mag sie noch so verwahrlost sein, denn Aussicht auf einen neuen Mietvertrag hätte er kaum. Die einzige Aussicht auf Veränderung, die er hat, ist die Obdachlosigkeit. Insofern ist auch die

---

[2] Schlimmstenfalls konnte man den Zwangsvollstrecker oder den Krämer in Russland auch auspeitschen lassen. – Gleichwohl gab es im 18. Jahrhundert schon Adlige, die vor ihren Gläubigern quer durch Europa fliehen mussten; man kann solche Geschichten zum Beispiel bei Casanova nachlesen. Das zeigt den Fortschritt des Justizsystems und die zunehmende Gleichheit vor dem Gesetz.

Sozialwohnung so etwas wie eine Burg, und manche ihrer typischen Insignien von Armut und Aussichtslosigkeit bezeugen den sozialen Status nicht anders als die Ahnenbilder im Rittersaal.

Wer sich aber bewegt, ist der Krämer. Er bewegt sich von Kunde zu Kunde und, wenn die Geschäfte gut laufen, auch langsam in der Gesellschaft nach oben. Der Sozialarbeiter bewegt sich ebenfalls, nämlich von Sozialfall zu Sozialfall, und steigt, wenn er kein Büromaterial stiehlt, in der Hierarchie seiner Behörde auf. Nur die Bewegung, zu der die Angestellten verdammt und die Unternehmer verführt sind, ist verheißungsvoll, wenngleich riskant. Sie können gewinnen und verlieren. Ihrem rastlosen, von Hoffnung und Angst getriebenen Eifer entspringt der Veränderungsdruck und entspringt der Ressourcenverschleiß unserer Gesellschaft. Aus der Abstiegsfurcht nähren sich die Ressentiments, die sich gegen die richten, die nichts zu verlieren haben, und der Neid, der sich auf die richtet, die alles geerbt haben (zum Beispiel ein Adelsprädikat).

Die Quelle des Hasses ist das Leistungsideal, dem sich die mobilen Teile der Gesellschaft unterworfen haben. In gewisser Hinsicht entspringt dieser Quelle aber auch das Selbstverständnis des demokratischen Staates, der ohne Fähigkeit und Bereitschaft zur Konkurrenz nicht auskommt. Wer nicht konkurriert, weil er nicht kann (der schicksalhaft Arbeitslose) oder weil er nicht muss (der Rentier und der Adelige), der ist in diesem System nicht integriert, eigentlich im Wortsinne asozial. Die Frage ist allerdings, wie es um die Menschlichkeit einer Gesellschaft bestellt ist, die Leistung zum Kriterium von Sozialität und Asozialität macht. Das Kriterium erscheint zwar zunächst untadelig demokratisch und egalitär, insofern es Herkunft, Geschlecht und andere Ungleichheiten zu neutralisieren verspricht. Aber abgesehen davon, dass sich Leistung in Wirklichkeit doch niemals in einem neutralen Umfeld entfaltet, dass sie je nach Umfeld höchst unterschiedlich definiert wird, dass auch nicht jeder die charakterlichen Möglichkeiten mitbringt, um zu leisten, was in seiner Epoche gerade als Leistung gilt – es bleibt die Frage nach den Tagedieben und Taugenichtsen, den Faulenzern und Schmarotzern, den Gehemmten und Schüchternen, die es immer gibt und die sich niemals dem Wettbewerb unterwerfen lassen. Schon der Gedanke an eine Leistungskonkurrenz macht ihnen Angst. Sind sie deshalb ohne Wert und können mit Recht als »Minderleister« aussortiert werden?

Im übrigen schlummert auch in jedem »Leistungsträger« und Erfolgsmenschen ein heimlicher Minderleister, der sich bei nächtlichen Panikattacken unversehens zeigt oder kurz vor dem Herzinfarkt am Steuer des Dienstwagens: der innere Doppelgänger eines jeden Managers, Politikers und milliardenschweren Anlagebetrügers. Gibt es überhaupt einen Menschen, der sich niemals davor gefürchtet hätte, plötzlich als gänzlich untüchtig, für nichts begabt und zu nichts fähig enttarnt zu werden? Deshalb sehen wir uns so oft in Albträumen nackt oder nur mit einer Pyjamajacke bekleidet auf einer Party oder in der U-Bahn stehen – aus der Gesellschaft herausgefallen und der missbilligenden Besichtigung ausgesetzt.

Im Traum bleibt merkwürdigerweise unsere existentielle Nacktheit meist unbemerkt; niemand scheint unsere peinliche Entblößung – die peinliche Wahrheit über unser asoziales Selbst – wahrzunehmen. In der gesellschaftlichen Wirklichkeit dagegen drohen Pranger, Demütigung und Ächtung sehr wohl, für manche Menschen von Geburt an. Sie werden spätestens im Kindergarten zu Außenseitern, in der Schule zu ewigen Versagern bestimmt. Was ist mit diesen, die sich bestenfalls als Künstler, als charmanter Schwindler und Schmarotzer oder in der Versorgungsprostitution einer Ehe durchbringen können? Wenn sie nicht ein Leben lang putzen gehen, in der Psychiatrie oder im Gefängnis enden müssen. Was ist mit denen, die nur sind, aber außer ihrer Existenz nichts vorzuweisen haben?

Man kann die Frage christlich deuten. Sie entspricht aber auch ziemlich genau der Frage nach dem, was vom Adel geblieben ist. Geblieben vom Adel ist nämlich die Sehnsucht nach ihm – nach einem Rang, der weder mühevoll errungen werden muss noch jederzeit wieder verloren werden kann. Der Adel, so gesehen, ist eine Metapher der Menschenwürde, deren Unverlierbarkeit für jedermann zwar stets beteuert wird, aber in enttäuschender Unsichtbarkeit nur als Abstraktion durch die Köpfe spukt. Allein der Aristokrat kann seine Standeswürde als Krönchen sichtbar über die Initialen auf der Hemdbrust sticken lassen.[3]

Geblieben ist freilich auch der Hass auf gerade das – auf das, was gratis war, aber nicht gerecht verteilt wurde. Und schlimmer noch: was niemals wieder, also auch nicht zur Wiedergutmachung in gerechter Streuung über jedermann, verteilt werden kann, weil die Zeit der Ausgabe von Adelsdiplomen nun einmal unwiederbringlich vorbei ist. Der endgültige Schlussverkauf geschah in den letzten Tagen des Ersten Weltkriegs, als Heereslieferanten und Rüstungsunternehmer noch einmal auf die Schnelle nobilitiert wurden. Diese Adelstitel waren allerdings schon schal wie jene, die heute noch in England oder anderen konstitutionellen Monarchien verliehen werden: bloße Auszeichnungen für Verdienste, insofern auch nur Leistungszeugnisse und keine Zeichen angeborener Würde. Dass diese,

---

3 Eine umstrittene Praxis. In München kann sie, wie vieles allzu Demonstrative, vorzugsweise beobachtet werden, aber im allgemeinen gilt für sie, was auch für den Siegelring mit Wappen gilt, der höchstens von Bürgerlichen oder dem »kleinen Baron von nebenan« (eine Formulierung, die wir Victoria von *** verdanken) getragen wird, niemals aber von Angehörigen des Hochadels. So ließe sich auch von dem Monogramm-Krönchen sagen: Je näher es der geschlossenen Krone kommen könnte, desto sicherer wird es weggelassen.

die echten Zeichen herausgehobenen Ranges, nicht mehr verfügbar, also endgültig limitiert sind, erzeugt ihre andauernde Faszination, die sich in kindischer Bewunderung für den Geburtsadel ebenso wie in kindischem Hass niederschlagen kann. Beides ist aber insofern ernst zu nehmen, als sich in beidem die sonst nie ausgesprochene Einsicht artikuliert, dass die soziale Belohnung nach Leistung genauso ungerecht sein kann wie das Geburtsprivileg, womöglich unmenschlicher.

Die Geschichte,
ein Missverständnis

IMMOBILITÄT kennzeichnet den Adel heute; seine Prädikate sind unverlierbar und unvermehrbar.[1] Das war nicht immer so. In früheren Zeiten konnte man, durch Besitzverluste und wirtschaftlichen Ruin – nicht anders als ein bürgerlicher Bankrotteur –, auch aus dem Adel herausfallen. Der Titel war in manchen Fällen an einen bestimmten Besitz geknüpft; darin schimmerte noch die ursprüngliche Bindung des Adelsprädikats an ein Lehen durch, das von dem Lehnsherrn empfangen wurde. Aber selbst später noch konnte Verarmung, die ein standesgemäßes Leben nicht mehr erlaubte, auch den Verlust der Standesehre nach sich ziehen und damit das Recht, den Titel zu führen – wenn nicht die Betroffenen schon selbst, aus Scham und

---

1 Das gilt selbst für Österreich, wo Adelstitel nicht einmal als Bestandteil des Namens geführt werden dürfen wie in Deutschland. Die Kenntnis des nackten Namens allein genügt, um Aristokraten zu identifizieren, und nur, weil die Kenntnis auch unzureichend sein kann, wird der Anschrift auf Briefen auch gerne vorsorglich ein I. H./S. H. vorangestellt – man kann ja nie wissen, ob man es mit Hoheiten zu tun hat oder mit Personen, die für solche gelten wollen. Die radikale Titelrasur hat die Adelsbegeisterung, die in der k. u. k. Monarchie schon beachtliche Knospen trieb, heute erst recht zur pathologischen Blüte gebracht.

aus eigenem Entschluss, vorzogen, nicht mehr als Adlige aufzutreten.

Wirkliche Statussicherheit schafften ironischerweise in Deutschland erst die Adelsregister, die sehr spät, im 19. Jahrhundert, als die Zeit des Feudalismus schon ablief, eingerichtet wurden. Sie beruhten in Bayern zum Beispiel auf peinlichen Befragungen und Beweiserhebungen, die manche Familienüberlieferung als Legende entzauberte. Die strikte Verrechtlichung, die damit einherging, bedeutete in gewisser Hinsicht aber bereits Verbürgerlichung, eine Unterwerfung unter bürgerliche Rechtsstaatsprinzipien. Man kann sich die Pedanterie vorstellen, mit der bayerische Beamte, größtenteils ihrerseits nicht von Stand und schon damals preußischer als die Preußen, die Adelsnachweise studierten und gegebenenfalls mit kritischen Aktennotizen quittierten.

Die Prozedur ähnelte dem physikalischen Übergang eines Stoffs vom amorphen in den kristallinen Zustand. Der bürokratische Vorgang ließ mit einem Mal erstarren, was über Jahrhunderte im Fluss gewesen war, was oft auch durch Fürstenwillkür verflüssigt wurde (man denke an die Nobilitierung von Mätressen oder hohen bürgerlichen Beamten, die anders nicht in das Hofprotokoll eingefügt werden konnten) oder was sich in politischen Umbruchzeiten von selbst verflüssigte. Während der Stuart-Restauration in England, zum Teil aber schon unter den Stuarts zuvor, kamen Adelsdiplome massenhaft auf den Markt; Jakob I. vergab die Ritterwürde seit 1611 gegen Zahlung von tausend Pfund; die bürgerlichen Empfänger konnten sich Baronets nennen. Bis zum Ende der Regierung Jakobs II. wurden an die zweihundert Peerswürden neu verliehen, meist an reiche Bürger. Londoner Kaufleute konnten sich mühelos einen aristokratischen Namen zulegen.[2] Schwer zu sagen, wie lange ihnen der Geburtsadel diesen Handel nachtrug, aber gut bezeugt ist der Schock hundertfünfzig Jahre später, als unter Napoleon I. ganze Adelsgeschlechter neu erfunden wurden. Dieser sogenannte Napoleonische Adel galt noch Anfang des 20. Jahrhunderts als anrüchig, man kann es bei Proust nachlesen. Aber schließlich verblasst doch alles, Makel wie Vorbehalte; und viele Schweden werden es heute nicht mehr sein, die an der Legitimität ihrer Dynastie zweifeln, die auf einen bürgerlichen Herrn Bernadotte zurückgeht, den Napoleon kurzerhand mit dem skandinavischen Königreich belehnte. Es ist auch nicht bekannt, dass etwa die dänische Königsfamilie, die zu den ältesten regierenden Häusern

---

[2] Hübsch nachzulesen bei Werner Sombart in einem Aufsatz, der in dem Bändchen »Liebe, Luxus und Kapitalismus« (1922) enthalten ist und die Nobilitierung reicher Bürger zwischen 1600 und 1800 nachzeichnet. Zu dieser Zeit soll auch die Familie Spencer, die später dem englischen Hof jene berühmte »Prinzessin der Herzen« lieferte, aber ursprünglich mit Schafwolle reich geworden war, zu dem Titel eines Earl of Sunderland gekommen sein, eine Peerswürde, die im 17. Jahrhundert gleich mehrfach geschaffen und verliehen wurde.

Europas gehört, naserümpfend auf die willkürlich nobilitierten schwedischen Vettern herabschaute.

Es gibt eine eigentümliche Nonchalance, mit der Aristokraten schließlich und endlich, nach vorübergehendem Sträuben und Zaudern, ihren Frieden mit neuen Verhältnissen und Rängen machten. Wahrscheinlich ist darin ein Überlebensinstinkt am Werk, der dunkel ahnt, dass man nicht allzu pingelig sein darf, wenn man nicht seinerseits pingeliger Aufsicht unterworfen werden will. Manche Familien können sich sogar zu einem ironischen Umgang mit ihren Ursprüngen verstehen, ein geneigtes Gesprächsumfeld vorausgesetzt. Die ursprünglich schlesischen Magnaten Henckel von Donnersmarck, deren fürstlich-protestantischer Zweig das zweitgrößte Vermögen des Kaiserreichs besaß (nach den Krupps), genieren sich nicht der geschäftlichen Talente, die schon der Stammvater Lazarus Henckel zeigte, seines Zeichens Vieh-, Wein- und Tuchhändler aus der slowakischen Ortschaft Donnersmarck (daher der Name), der in Wien zu Geld kam und für seine Verdienste als Kreditgeber des Kaiserhofes in seinem bisher eher fragwürdigen Adelsstand bestätigt wurde. Freilich muss man dazu sagen, dass dieser Aufstieg an der Epochenscheide zwischen dem 16. und 17. Jahrhundert geschah, hinter die auch der adlige Stammbaum anderer Familien nicht zurückreicht.

Überhaupt täuscht der Eindruck der Konstanz. Sie ist nur relativ zu sehen gegenüber der viel größeren Unbeständigkeit der äußeren Verhältnisse. In der Reformationszeit zuvor, aber auch schon im Spätmittelalter gab es regelrechte »Adelskrisen«, die damit zu tun hatten, dass Landesfürsten ihre Macht erweiterten und die örtlichen Grundherren ihrer Willkür unterwarfen, einschließlich willkürlicher Rangerhöhungen, mit denen Treue der Gefolgschaft, militärische und zivile (vor allem finanzielle) Dienste belohnt wurden.

So war der Adel gerade in seiner Epoche, in der Zeit des europäischen Feudalismus, alles andere als stabil, »man musste immer darum kämpfen, oben zu bleiben«[3], und wenn es anders gewesen wäre, ließe sich auch nicht die Wertschätzung erklären, die aristokratische Familien ihrem eigenen Alter entgegenbringen, erst recht nicht die herausgehobene Position, die der »Gotha« (das berühmte Genealogische Handbuch des Adels) dem Uradel zuweist, also dem Geschick, über lange Zeiträume und historische Gefährdungen hinweg seine Stellung zu behaupten. Von selbst verstanden kann sich das nicht haben, anders als die Rede vom blauen Blut und der angeborenen Überlegenheit suggeriert. Kant hielt die Idee des Geburtsadels

---

3 So Ursula von K***, geborene Witzleben (und Schwägerin der bekannten Publizistin Uta von K***), die nicht müde wurde, dem Autor dieses Büchleins die naive Meinung auszutreiben, Adel sei etwas, »worauf man sich ausruhen könne. Mitnichten, mein Lieber, mitnichten! Das ist eine ganz bürgerliche Illusion!« Frau von K*** war eine temperamentvolle Dame.

im Sinne von Geburtstugenden (eines Sets genetisch fixierter Fähigkeiten) ohnehin für ein reines »Gedankending«. Jedenfalls mussten die Fähigkeiten, wo immer sie herkamen, immer wieder neu bewiesen werden und ihre Anerkennung durch andere ertrotzt werden.

Insbesondere das Verhältnis des niederen Adels zu den übergeordneten Standesherren, erst recht im Absolutismus zu den regierenden Fürstenhäusern, war nicht so weit entfernt von dem Verhältnis leitender Angestellter zur Führungsspitze eines Großunternehmens. Man musste durchaus erkennbar etwas leisten, und sei es als geschmeidiger Schmeichler bei Hofe, man musste auch gewitzt und mit einer guten Portion Charakterlosigkeit reagieren bei jähen Machtwechseln oder unbequemen Zufällen der Thronfolge; aber auch dies ist ja heute nicht anders in den großen Konzernen. Wer sich enttäuscht fragt, warum so viele Adelige im Dritten Reich so früh und so überraschend reaktionsschnell auf Hitler setzten, findet eine Antwort[4]

---

4 Eine andere, oft genannte Antwort findet man in den antidemokratischen Ressentiments, die das schmähliche Ende des Kaiserreiches, die Enteignungen und der Verlust von Privilegien ausgelöst haben. Freilich war Hitler ein Verächter des Adels, selbst der Kommunist Bertolt Brecht hatte ihn dafür gerühmt, »dass er die Junker über die Klinge springen lässt«, aber gerade in der Furcht vor eskalierendem Adelshass könnte eine dritte, höchst plausible Erklärung für die Kooperationsbereitschaft liegen: Man wollte lieber einen Platz an der Seite des Henkers als unter dem Fallbeil haben. Dies erklärt auch recht gut das Mitläufertum bür-

in diesem jahrhundertelangen Training, auch unter widrigen Umständen oben zu bleiben; man könnte, ähnlich wie im Tierreich, von einem Opportunismus der Gene sprechen.

Neuen Verhältnissen, auch als unrecht empfundenen, unbeugsam zu trotzen ist jedenfalls keine aristokratische Disposition, auch wenn die herausgehobene Position eine solche Unabhängigkeit vermuten lassen sollte – jedenfalls in bürgerlicher Perspektive. In ihr liegt allerdings die Quelle eines Missverständnisses. Prinzipienhärte und Gewissenstreue, also der Wille, auf Innenlenkung statt auf Außenlenkung zu setzen, war immer und schon in Feudalzeiten ein explizites bürgerliches Erziehungsideal, das mitunter gerade in Abgrenzung zum Adel betont wurde. Ob es auch in der Praxis eingelöst wurde, ist eine ganz andere Frage – bekanntermaßen hat das Bürgertum in Sozialismus und Nationalsozialismus ebenfalls tüchtig versagt –, entscheidend ist hier nur die Konsequenz im Verhältnis zum Selbst. Und da lässt sich nun freilich sagen, dass in der adligen Welt genau umgekehrt der Außenlenkung stets der Vorzug vor der Innenlenkung gegeben wurde, dem gesellschaftlichen Konsens der Vorzug vor dem Individual-

---

gerlicher Eliten, die Hitler immer verachtet hatten; die Furcht um die eigene Haut besiegte den Ekel (und die moralischen Skrupel sowieso). Lichtenberg sagt in einem Aphorismus: »Die Fliege, die nicht geklappt werden will, setzt sich am besten auf die Klappe selbst.«

urteil, dem Stand und der Familie das höhere Recht gegenüber der Person und ihrem Privatgewissen.

Die Bereitschaft, zum eigenen Nachteil und Schaden der Angehörigen strikten Gewissensnormen zu folgen, die ein bewundertes Charaktermerkmal und fester Bestandteil bürgerlicher Heldenlegenden ist, kann in aristokratischer Perspektive sogar als Verrat, wenn nicht als unehrenhaftes Verhalten gelten, insofern die Ehre ja bei der Familie und ihrem Stand liegt, nicht im einzelnen. Die Familie verbürgt den Adel, und deshalb liegt es im Zweifelsfall nahe, auch zum Wohle der Familie den Frieden mit den Verhältnissen, den Vorteil in den Verhältnissen zu suchen.

Die adligen Offiziere, die es unter den Verschwörern des 20. Juli so zahlreich gab, waren in ihrem Stand keineswegs zahlreich, sie waren oft sogar in ihren Familien, soweit das Engagement schon vor dem Attentat ruchbar wurde, missbilligte Außenseiter und blieben es mitunter noch lange nach 1945. Ihr Privatheldentum galt als unverantwortlich[5], es hatte die Familien in ihrem Stand, Bestand und Wohlstand bedroht und oft auch tatsächlich schwer beschädigt. Die folgende Sippenhaft entsprach genau der überlieferten Befürchtung, dass der gesamte

---

5 So ebenfalls Frau von K***, die mit einer eigentümlich zwischen Verständnis und Verachtung changierenden Bitterkeit die familiären Vorbehalte schilderte, auf die der Generalfeldmarschall von Witzleben wegen seiner Beteiligung an der Verschwörung stieß.

Familienverband leiden muss, wenn der einzelne sich jenseits des Kollektivs verwirklicht.

Man muss den Unterschied von bürgerlicher Gewissensmoral und adeliger Kollektivmoral, der auch innerseelische Konsequenzen hat, immer vor Augen haben, um nicht ungerechte, gewissermaßen unhistorische Maßstäbe anzulegen oder, genauso fatal, eine allgemein menschliche Psychologie zu unterstellen, wo in Wahrheit alles soziale Spezifik, Klassenpsychologie und Klassenmoral ist. Es tut nichts zur Sache, dass zur Zeit Hitlers der Adel schon seinerseits historisch geworden war (und ihm das nicht verborgen geblieben sein konnte). Gerade die seelischen und habituellen Klassenmerkmale überleben den faktischen Untergang einer Klasse mühelos um mehrere Generationen.

Das gilt erst recht für die gegenseitigen Vorurteile und Projektionen, die Zuschreibungen und Phantasmen, die zwischen den Klassen kursieren. Selbst wenn keine von ihnen mehr im Besitz ihrer ursprünglichen Geltung und Würde ist, bleiben die Stereotypen am Leben, die emotionalen Konstruktionen der Bewunderung, des Neides und des Abscheus – die Narrative, wie man im Jargon einer jüngst verflossenen Soziologie sagen könnte.

Manche entstehen sogar erst durch den Untergang. Ein banales Beispiel ist die abfällige Rede vom Bildungsbürgertum, die aufkam, als von einem Bürgertum in dem Sinne einer kulturellen Prägung schon nichts mehr zu sehen war, geschweige denn von einem verpflichtenden Bildungsbesitz. Das Verschwinden des einen wie des anderen war die Voraussetzung dafür, beide zu einem Inbegriff des Abgelebten zu verschmelzen. Dessen polemischer Sinn und politischer Nutzwert bestanden darin, den Verlust als Fortschritt feiern zu können und die eigene Borniertheit als Überwindung von Dünkel.

Auch die Idealisierung der Arbeiterklasse, einschließlich der Beschwörung ihrer Tugenden von Solidarität, Internationalismus und so weiter, hatte im Grunde ihre Auflösung zur Voraussetzung, nämlich die Überwindung der Ausbeutungsverhältnisse, die den Arbeiter ursprünglich definiert hatten. Der heroische Proletarier, wie er auf den Fresken der Moskauer U-Bahn zu sehen ist, mit den stereotypen Fabrikschloten im Hintergrund, ist der Proletarier, der sich befreit hat – also kein Proletarier mehr, sondern im Besitz der Produktionsmittel. Die Schlote rauchen jetzt für ihn, das ist der historische Moment der Revolution, den die sowjetische Ikonographie einfriert.

Und so hat in gewisser Weise auch erst die Auflösung des Adels seinen Rang dem historischen Wandel entzogen. Der Adel zur Zeit seiner Herrschaft war etwas anderes als der Adel heute – er war in mancher Hinsicht weniger adelig, zwar durch seine Privilegien geschützt und vom Bürgertum abgegrenzt, aber nicht gänzlich vom Leistungsprinzip dispensiert. Der gefrorene Aggregatzustand, der heute seinen Zauber ausmacht, ist das Ergebnis des Untergangs. Obwohl alles nur noch geschichtliche Reminiszenz zu sein scheint, blieb vom Adel doch: die Idee des Adels, eine andauernde Provokation.

Das Herz,
die Konvention

INDES sollte man die Fülle der geschichtlichen Reminiszenzen nicht unterschätzen. Es ist nicht nur das Prinzip des Adels, einen Rang allein durch Geburt zu behaupten, der als Herausforderung überlebt hat, gewissermaßen als die Negativfolie schlechthin für alles, was sich Emanzipation und Fortschritt nennt. Überlebt hat auch, was aus dem Konzept der überlegenen Geburt folgt, und das reicht tief ins Innerseelische hinein und zugleich weit darüber hinaus ins soziale Verhalten.

Ein Beispiel dafür, wie sich das eine mit dem anderen verschränkt, ist noch heute die Organisation von Ausflügen in den öffentlichen Raum. Konzerte, Theater, Museen werden niemals alleine besucht, sondern stets in einer größeren Gruppe von Standesgenossen. Der Bürgerliche, der mit einem adligen Freund zum Opernbesuch verabredet ist und nach seinen Gewohnheiten mit einer Zweisamkeit rechnet, bei der sich Persönliches besprechen ließe, sieht sich im Gegenteil schon im Foyer einer schnatternden Gruppe vorgestellt, die nichts als die oberflächlichste *Conversation agréable* zulässt. Im übrigen ist es ein Vertrauensbeweis, auf diese Weise dem aristokratischen Kreis beigemischt zu werden – das

Vertrauen richtet sich darauf, dass man sich zu benehmen weiß, nichts Befremdliches angezogen hat oder gar gesprächsweise äußert. Nur freilich die Hoffnung auf intimen Austausch (respektive auf das, was der Bürger dafür hält) erfüllt sich nie. Eine vage Ahnung legt nahe, dass solches auch unpassend, wenn nicht unstatthaft wäre. Die Ahnung ist aber wenig mehr als ein zarter Nebel, hinter dem sich eine Landschaft von Konventionen andeutet, die von persönlichen Bekenntnissen nur verunreinigt würde. Kurz gesagt: Die Konvention ist ihrem Wesen nach konventionell. Die bürgerliche Angst vor der Langweile hat hier keinen Ort.

Wahrscheinlich wäre es gar nicht so einfach, den Weg der zunächst rein äußerlichen Regeln – keine konfliktträchtigen Themen, sperrige Meinungen oder verblüffende Urteile einzubringen – in das Innere der Menschen sozialpsychologisch nachzuzeichnen; aber dass sie dort schließlich angekommen sein müssen, erkennt man daran, dass sie als Zwang nicht mehr wahrgenommen werden, meistens nicht einmal als Regel, sondern als bare Selbstverständlichkeit, wenn nicht als etwas vollkommen Natürliches. Zumindest soll es so wirken; nur manchmal enttarnt sich die Natürlichkeit als Prätention und der Ehrgeiz wird sichtbar, die Befolgung der Konvention als unbewussten Mechanismus erscheinen zu lassen. Sie bewusst zu machen, gar auszuformulieren, wäre ungehörig; sie Außenstehenden zu erläutern, grenzte an Verrat, wie Sophie von Maltzahn in ihrem spöttischen Roman »Grenzwerte 1928« sarkastisch angemerkt hat. Das hat seinen guten Grund: Traditionalisten scheint es geradezu ein Beweis für das Angeborene ihres Adels zu sein, dass sie etwas unbewusst befolgen, was anderswo in der modernen Mehrheitsgesellschaft nicht (mehr) gilt.

Leichter nachzeichnen lässt sich die äußere Logik, aus der die Wertschätzung des Konventionellen folgt. Denn alles am Adel ist Konvention, in gewisser Hinsicht gäbe es ihn gar nicht, wenn nicht die Konvention gelten würde, dass Geburt Adel begründet. Dieser Ursprungskonvention entspringen viele weitere, unter anderem die Hochschätzung der Familie, denn sie ist es, die den Titel weitergibt und weitergegeben hat. Aber auch Verhaltensregeln und Abgrenzungsgesten folgen logisch, denn was wäre mit dem Geburtsprivileg, wenn es folgenlos bliebe? Es muss sich so oder so niederschlagen, und sei es in delikatester, rücksichtsvoller Verdünnung – rücksichtsvoll gegenüber der demokratischen Umgebung, in der man schließlich leben muss.

Aber was ist mit den adeligen Exzentrikern, die es einst in großer Zahl gegeben hat? Den Dandys und Publikumsverblüffern, den Revoluzzern gegen Sitte und Anstand nach dem Typus des Don Juan[1],

---

[1] Stendhal hat die Verbindung von Adelshochmut und Provokationslust in folgendem Gedankengang erläutert: »Durch welche Taten«, fragt sich sein Don Juan in der Novelle »Les Cenci«, »könnte ich meinen Mut beweisen und mir zugleich die

den man sich doch gar nicht anders als aristokratisch denken kann? Nun, es gibt sie noch, aber selten, sehr selten. Der Aufstand, die Exzentrik richteten sich an die Standesgenossen. Seit diese nicht mehr das Publikum bilden, geht die Hochmutsgeste ins Leere oder amüsiert nur, was aufs Gleiche hinausläuft, ein Massenpublikum, dem Unterhaltungsangebote dieser Art, mit billiger Provokation und billiger Empörung, im Überfluss zur Verfügung stehen. Und selbst wo es noch möglich wäre, einen eng umgrenzten Kreis, sagen wir: einen ausgesucht katholisch borniertrem Salon, vor den Kopf zu stoßen, wäre es mit der Ehre nicht weit her, Standesgenossen zu kränken, die durch die demokratischen Zeitläufte schon hinreichend gekränkt sind. Der Adel mithin ist für den adeligen Freigeist[2] keine Zielscheibe mehr.

Freude machen, die öffentliche Meinung zutiefst zu verletzen? Wie könnte ich meine einfältigen Zeitgenossen verblüffen? Wie könnte ich mir das lebhafte Vergnügen verschaffen, mich über diesen Pöbel erhaben zu fühlen?«

2 Ein ehrwürdiger, auch geistesgeschichtlich bedeutsamer Typus, der das 18. Jahrhundert beherrschte und bis ins frühe 20. Jahrhundert anzutreffen war. Bei Fontane taucht er noch als »Junkerradikaler« auf, bei Stevenson als »Squirradical« (aus »Esquire« und »radical« gebildet). Heute scheint er nahezu ausgestorben, auch, weil mit Liberalität kein Distinktionsgewinn mehr zu machen ist. Gelegentlich gibt es aber noch den »roten Grafen«. Das Bewusstsein, die Konkurrenz mit dem Bürgertum verloren zu haben, kann noch in unserer Zeit nahelegen, sich dann eben mit anderen Verlierern der bürgerlichen Gesellschaft zu verbinden, lieber den Sozialismus als den Kapitalismus zu wählen – wenn schon, denn schon.

Einen Ort gibt es jedoch noch, in dem der Exzentriker seinen Platz hat (wofern das Unkonventionelle im Rahmen dessen bleibt, was man »erfrischend« nennt), und das ist die Familie. Die adlige Familie ist der wahrscheinlich toleranteste, nachsichtigste, auch barmherzigste Raum, den es in unserer Gesellschaft gibt. Hier trifft jeder Spleen, jedes Gebrechen, jeder Mangel auf Respekt und Anteilnahme. »Die rührende Amelie, sie hat nur die Flasche« – »Der arme Onkel kommt nun mal von den Knaben nicht los, es ist so eine Schweinerei, dass die Reporter ihn nicht in Ruhe lassen« – »Der Grützi war nie der hellste, aber schau mal, wie schön er uns diese Kommode gemacht hat« – »Ja, sie ist wieder schwanger, wieder von dem Stallburschen. Nein, ich kann nicht sagen, ob es derselbe ist. Aber das Heu hat nun einmal diese Wirkung auf sie«.

In der Familie kümmert sich jeder um jeden, hat sich jeder um jeden zu kümmern und jeden zu verteidigen. Es ist nicht genau dasselbe wie in einem arabischen Clan, aber wesentliche Züge ähneln sich. Man lässt zumindest niemanden ins Vergessen fallen, und auch wenn das Schicksal hart zuschlägt, wird man den nach Unfall Gelähmten oder das behinderte Kind niemals unbetreut und ungeliebt lassen. Auch das hält unserer mitleidlosen Mehrheitsgesellschaft, die den familiären Ballast scheut, den Spiegel vor und hat mit dem Geburtsrang zu tun: Selbst der sabbernde Greis ist ein Graf und die vom Personal Geschwängerte eine Freifrau. Nur hässlicherweise ließe sich fragen, ob die gleiche Zuwendung auch dem nichtadeligen angeheirateten Familienmitglied zuteil würde. Aber tatsächlich wird sie das, auch die bürgerliche Schwägerin wird als Witwe noch betreut. Einmal Familie, immer Familie (wenngleich die fremde Herkunft doch niemals vergessen wird).

Man sieht daran: Auch Familie und Familienpflege ist eine Frage der Selbstachtung. Man kann darüber spekulieren, wie weit die Vernachlässigung von Angehörigen in der Mehrheitsgesellschaft etwas mit dem Mangel an gerade dieser Selbstachtung zu tun hat, und dieser Mangel wiederum mit dem Leistungsprinzip, dem niemand ganz entsprechen kann (und erst recht nicht, wenn er Angehörige pflegt). Auf jeden Fall aber spielt Selbstachtung – die auf nichts als der Geburt gründende Selbstachtung – eine entscheidende Rolle bei der adligen Lebensgestaltung, einschließlich der wunderbarerweise erhalten gebliebenen Freude an Prunk und Protz.

Ganz falsch wäre es jedenfalls, sich den Adel als materiell desinteressiert vorzustellen. Das Gegenteil ist der Fall – man hat immer Geld gebraucht und Geld ausgegeben, braucht es auch heute und gibt es, wenn zuhanden, mit vollen Händen aus. Teure Autos, teure Pferde, teurer Schmuck, gerne auch klotziger Schmuck – auch dies verbindet den Adel mit den Unterschichten, dass beide einer

Ästhetik der Deutlichkeit folgen, nicht der Pastellkreide, und deshalb niemals mit einem diskret getunten BMW zufrieden wären, wenn sie auch einen Ferrari fahren könnten.

Der Adel braucht kein Understatement. Understatement braucht nur die Bourgeoisie, die sich von neureichen Aufsteigern abgrenzen muss. Der Aristokrat ist seinem Wesen nach kein Parvenu und kann sich deshalb bei Gelegenheit ruhig wie ein solcher kleiden (oft etwas zu bunt), laute Motorboote aufheulen lassen, im Freien pinkeln oder Prostituierte in der Hotelsuite mit Gratiskoks versorgen. In solchen Fällen fühlt er sich auch heute noch wie seine Vorfahren nur locker an die Gesetze gebunden, und wenn er mit der Justiz in Konflikt gerät, die es inzwischen nicht mehr so lässig sieht, dann wird ihn doch seine Familie unterstützen und weiterhin lieben, selbst wenn sie seine Vorlieben nicht teilt. In mancher Hinsicht stehen Aristokraten, insbesondere Teile des Hochadels und dessen schwarze Schafe, heute Popstars näher als dem bürgerlichen Tugendpublikum, teilen deren Exzesse und garnieren, wenn es die Finanzen erlauben, auch gerne Hochzeiten mit Auftritten von Elton John.

Es ist eine rein bürgerliche Fantasie von Vornehmheit, sich diese als Schlichtheit, als eine Sache von Haltung und Zurückhaltung vorzustellen. Die Bourgeoisie verdankt ihr Emporkommen dem Reichtum und stellt sich deswegen jede Höherentwicklung als eine Art Transzendierung von Reichtum vor, als Aufstieg zu einer vergeistigten Existenz, die am Ende das Geld wie ein überflüssig gewordenes Leiterchen von sich stößt. Für den Adel ist der Reichtum aber ein bloßes Betriebsmittel für die standesgemäße Lebensführung, zu der demonstrativer Konsum gehört. Ein Beispiel ist auch die enorme, geradezu symbolische Bedeutung, die gutem Essen beigemessen wird, insbesondere dem festlichen Verzehr von Speisen, die in feudalen Zeiten dem Adel vorbehalten waren, von Wildbret und Edelfischen.

Man vermag solche Genüsse – eigentlich sind es Inszenierungen – zwar zu entbehren, wenn bittere Umstände den Mangel erzwingen; so ist nach dem Ersten Weltkrieg, als Güter enteignet wurden und die entlassenen Offiziere ohne Einkünfte waren, sogar vorübergehend ein Ideal der Kargheit entstanden[3], das gelegentlich noch heute bei Aristokraten in bedrängten Verhältnissen hochgehalten wird; der Stil soll das Hofhalten ersetzen. Aber eine kleine Menge Geld genügt, die von irgendwo hereinkommt, um uralte Reflexe zu wecken und etwas, das vielleicht nur noch vom Hörensagen bekannt ist, ungesäumt wieder Wirklichkeit werden zu lassen und beispielsweise ein festliches Krebsessen anzusetzen, das endlich ermöglicht, die

---

3 Ein Schlagwort der Zeit sprach sogar vom »Adelsproletariat«.

durch Bombennächte hindurchgeretteten Krebsbestecke und Krebsservietten wieder auszustellen.

Der heruntergekommene Adel erinnert an Trockenpflanzen, die in Wüsten überleben können, aber mit dem ersten Regenguss sogleich die sagenhaften Blüten austreiben, für die sie vor der Dürrezeit bekannt waren. Sie könnten auch jederzeit, wenn eine Umwälzung zu ihren Gunsten stattfände, wieder Schlösser beziehen und eine weitläufige Dienstbotenschaft kommandieren und auf alle herabsehen, mit denen sie eben noch das Trockenbrot der Armut geteilt haben.

Eine solche Umwälzung – der befreiende Regenguss – ereignet sich manchmal im privaten Maßstab durch eine finanziell beglückende Hochzeit. Das graumäusige Gräflein mit dem abgewetzten Samtkrägelchen auf dem Covert-Coat entwickelt sich an der Seite der reichen Erbin augenblicks in einen prachtliebenden Pascha, der sich Schuhe nach Maß machen lässt und für seine Standesgenossen expansive Jagdgesellschaften gibt, auf denen die Ehefrau, die das alles finanziert, nur die Rolle eines Mauerblümchens spielt.

Öfter noch ist der umgekehrte Fall, und die Prinzessin, die der Industrielle als Trophäe meinte erobert zu haben, überstrahlt den bürgerlichen Gatten, der allmählich in die Unsichtbarkeit herabsinkt. Das Haus – sein Haus! – beginnt zu jeder Tages- und Nachtzeit von Gästen zu wimmeln, die er nicht oder höchstens vom Hörensagen kennt und die sich ihm lustigerweise auch nicht vorstellen. Die Jugendfreundinnen der Frau – die Putzi, die Saugi und die Staubi – und die Jugendfreunde – der Sacki, der Packi und der Racki –, allesamt während der Trockenjahre fast verschollen, sind plötzlich wieder da und umschnurren und umsurren die prächtig aufgegangene Blüte. Das Interesse an dem Hausherrn ist marginal. »Wie heißt er eigentlich?« – »Keine Ahnung, Klaus Dieter wahrscheinlich« – »Hast du die Schuhe gesehen? Die Schuhe sprechen eher für Karlheinz«.

Die Namensfrage muss nicht endgültig geklärt werden, um dem Gatten gleichwohl ein Privileg zuteil werden zu lassen: Er wird von allen geduzt. Dieses kleine Adelspatent wird großzügig jedem verliehen, der sich auf eine gewisse Zeit in aristokratischen Kreisen bewegt. Es heißt nicht, dass der Standesunterschied vergessen ist, sondern nur, dass man sich den Umgang mit dem Bürgerlichen erleichtert, indem man ihn behandelt, als ob er dazu gehörte. Dieses »als ob« gehört zu den grandiosen Geschenken, die der Adel machen kann; und man sollte es nicht auf sein Motiv befragen, sondern dankbar annehmen, und zwar einfach schon deswegen, weil die Alternative, nämlich dauerhaft gesiezt zu werden, wo sich sonst alle duzen, so viel ungemütlicher wäre. Überhaupt bestechen die Geselligkeiten des Adels durch ihre Ungezwungenheit, niemand muss sich »verkringeln«, um einen verächtlichen Ausdruck meiner Mutter zu gebrauchen, niemand drechselt verdruckst preziöse Sätze, wie es die bürgerlichen Honoratioren tun, »einander in höherer Stellung vermutend« (so die schöne Formulierung in der berühmten Karikatur von Paul Klee).

Der Andere, der Bürger

DER Adel hat sehr wohl ein Schlichtheitsideal, es ist nur ein ganz anderes als das bürgerliche und umfasst jedenfalls kein Understatement im Materiellen oder gar demonstrativen Konsumverzicht. Es umfasst aber sehr wohl den Verzicht auf Geziertheit und jene geblümte Redeweise, die namentlich der Kleinbürger für einen Ausweis höherer Lebensart hält. Keine Aristokratin würde sich vom Tisch erheben mit der Bemerkung, sie müsse sich »mal eben die Nase pudern«. Bestenfalls »entschuldigt« sie sich bei ihrem Tischherrn, selbstverständlich ohne einen Grund für die Bitte um Pardon zu nennen. Es wäre aber auch kein Fehler, umgekehrt die rustikale britische Variante zu wählen und kurzerhand »aufs Klo[1] zu müssen«, wie denn überhaupt alle gesuchten Umschreibungen des Örtchens als peinlich gelten.

---

[1] Bei aller Freude an proletarischer Direktheit (eine besonders kokette Form des Snobismus) würde sie jedoch nie »auf Klo« müssen, genauso wenig wie der halbwegs erzogene Bürger »auf Toilette« geht. Das Fortlassen des Artikels gilt denn doch als zu vulgär. Man unterschätzt oft, in welchem Maße auch die deutsche Umgangssprache Herkunft markiert und soziale Zugehörigkeitssignale sendet. Schichtenspezifik ist keine Eigenart des Englischen allein.

Als peinlich würde auch empfunden werden, Gäste zum Rauchen auf den Balkon zu schicken. Die ängstliche Sorge um den eigenen Hausstand, überhaupt der Gedanke, sein Haus vor den Gästen schützen zu müssen, gelten als geradezu bizarre Kleinlichkeit – als bürgerlich in einem schwer erträglichen Sinne. Und übrigens darf bei Tisch, sobald man Platz genommen hat, auch sofort getrunken werden, das peinsame Warten auf bürgerliches Gläserheben und Prositgeschrei erübrigt sich. Die Pointe einer solchen Gegenüberstellung liegt aber weniger in der überlegenen Nonchalance, die der Adel dabei zeigt, als in dem Umstand, dass sich die Verhaltensnorm überhaupt erst im Kontrast erkennen lässt. Darum muss, wenn es um den Adel geht, immer von dem Anderen, seinem Gegenüber, die Rede sein.

Dieser Andere ist aber der Bürger, nicht das einfache Volk und schon gar nicht die Unterschicht, die so viele mentale Gemeinsamkeiten mit den Aristokraten teilt. Das Volk, auch soweit es aus den Nachkommen von Leibeigenen, Bediensteten oder anderen seinerzeit vom adeligen Grundherren gegängelten Personen besteht, hegt selten Ressentiments oder Abgrenzungsbedürfnisse, es ist das Publikum der Schlossromane, Schlossromanverfilmungen des Fernsehens, Schlosshochzeitsberichte der Regenbogenpresse. Gerne und neidlos fühlt es sich in den von Banken gequälten Baron, in die um ihren Liebestraum gebrachte Komtesse, in das

Schicksal der vertriebenen Witwe ein. Manchmal wird sogar die bedingungslose Loyalität einer Kammerzofe über Generationen hinweg bis an die Ururenkelin weitergegeben, die sich, tätowiert und gepierct in der morgendlichen U-Bahn sitzend,[2] die Klatschpresse zu Gemüte führt und dabei an dem Schmuck ergötzt, den eine Herzogin bei der Eröffnung eines Modehauses getragen haben soll.

Der Bürger hingegen hat eine ganz andere Geschichte mit dem Adel, er hat gegen ihn Revolution gemacht, eine mühsame Emanzipation und schließlich gesetzliche Gleichberechtigung durchgesetzt. Er hat die verarmten Töchter geheiratet und den bankrotten Schwiegervater salviert, sich Adelsdiplome ertrotzt oder gekauft oder (besonders in Kriegszeiten) aufdrängen lassen, er hat als Offizier unter vertrottelten adligen Generälen gedient, als Minister die verrotteten Finanzen der Duodezfürstentümer in Ordnung zu bringen versucht. Er hat konkurriert und kopiert und sich immer neu demütigen lassen, insbesondere in der Kopie adliger Lebensstile, die sich im Kauf von Rittergütern und der Übernahme aristokratischer Untätigkeitsideale

---

[2] Auf dem Weg zur Arbeit. Wahrscheinlich Sachbearbeiterin einer Versicherungsgesellschaft, die zwecks Außendarstellung in ihrem Vorstand einen Herrn von *** plaziert hat, als eine Art gehobenen Empfangschef. Solche Dekorationsposten werden gerne an Adlige vergeben, sehr im Gegensatz zu wirklich verantwortlichen Posten, die bürgerliche Härte oder sogar unterbürgerliche Rücksichtslosigkeit verlangen.

vollendete, lag etwas Demütigendes, sich selbst Demütigendes, es war eine Zurückweisung der eigenen Tradition.

Der bürgerliche Stolz, der ausgerechnet kurz vor dem Ende adliger Vorherrschaft, sozusagen auf den letzten Metern, zusammenbrach, hatte sich in den Jahrhunderten zuvor noch ganz anders behauptet. Ein selbstbewusst ertragener, auch herausgekehrter Antagonismus zum Adel lässt sich für bestimmte Orte bis ins Mittelalter zurückverfolgen. Die Patrizier in Florenz und Venedig, in den deutschen Hanse- und freien Reichsstädten traten den Fürsten nicht nur kriegerisch entgegen. Sie formulierten eigene Standesideale und prägten Verhaltensmuster, die sich über weite Räume und Zeiten hinweg überall feststellen lassen, wo Bürger ein gewisses Maß an Autonomie gewannen. Ihre Ideale gehören nicht zufällig zu dem mentalen Vorlauf der Reformation: Selbstkritik statt adliger Selbstgefälligkeit, Tugend statt Ausschweifung, Arbeit statt Raub, Bildung statt (oder neben) Besitz, innerliche Frömmigkeit statt äußerlicher Zeremonien, überhaupt seelische Wahrheit statt höfischer Etikette (deren Befolgung man sich als bloße Heuchelei, gewissermaßen katholisch[3] vorstellte).

---

[3] Auch das hat seine Logik. Tatsächlich machten der Formalismus und das hierarchische Prinzip den Katholizismus für Adlige so attraktiv, dass sie immer wieder und vor allem in zunehmend bürgerlichen Zeiten konvertierten.

Was man sich als bürgerlich dachte oder einbildete, kann man recht hübsch einer Kupferstichserie von Daniel Chodowiecki ablesen, die Mitte des 18. Jahrhunderts höchst populär war. Auf zwei Blättern wird zum Beispiel der Gegensatz zwischen adligem und bürgerlichem Umgang mit der Kunst entfaltet. Die Bürger sind in ernster Betrachtung vor einer Skulptur versunken – lassen die Kunst auf Gemüt und Verstand wirken; die adligen Kavaliere dagegen zappeln, gestikulieren und schwatzen – weichen der Gemütserfahrung aus, diskutieren das Kunsterlebnis weg oder spotten womöglich sogar. Das noch heute wirksame Gebot von Humorlosigkeit und ernsthafter Erschütterung im Umgang mit Kunst ist ohne Frage eine bürgerliche Erfindung.

Noch charakteristischer und folgenreicher ist die bürgerliche Praxis der Selbstkritik, die sich tatsächlich von Anbeginn und schon im Florenz des 14. Jahrhunderts nachweisen lässt. Kaum gibt es ein Bürgertum, beginnt es schon mit sich zu hadern, sich zu befragen und Besserung von sich zu verlangen. Savonarolas Tugendwahn steigerte nur zum politischen Exzess, was eine grundsätzliche Disposition war. Die bürgerliche Selbstkritik war nicht Folge eines langen historischen Wegs, an dessen Ende man an sich selbst irre zu werden beginnt, sondern sofort der Motor bürgerlicher Entwicklung. Wenn dieses dynamische Prinzip heute gelegentlich als bürgerlicher Selbsthass denunziert wird, als etwas Lächerliches und dem wirtschaftlichen Fortschritt Hinderliches, dann ist ein Selbstmissverständnis am Werk. Ein Bürgertum, das sich selbstzufrieden aufs Erreichte zurückzöge, würde sich verraten und feudalisieren (wie es in Zeiten des venezianischen Niedergangs die zu Nobiles gewordenen Kaufleute auch tatsächlich taten, welche auf ihren Landgütern einer Siesta verfielen, die mit der Auflösung ihrer Republik endete).

Unsicher ist, wieweit die bürgerlichen Ideale und Selbstbeschreibungen, auch zu Zeiten ihrer historischen Wirksamkeit, auf Einbildung und Projektionen beruhten. Fest steht aber, dass in der Abgrenzung zum Adel nicht nur die Logik des Fuchses wirksam war, dem die Trauben zu sauer sind. Die Versuche des Fürsten Pückler, schon damals eine europäische Berühmtheit, in die legendär reiche Hamburger Familie Jenisch einzuheiraten, scheiterten an dem Selbstbewusstsein der Kaufleute, an der Tugendhaftigkeit der Senatorengattin, auf die er es abgesehen hatte – und an der Höhe seiner Schulden. Das Vermögen, das der Umworbenen geblieben wäre, wenn sie sich hätte scheiden lassen, reichte nicht annähernd an die Summe heran, die Pückler brauchte, um sich zu sanieren. Er fand die Summe übrigens auch in London nicht, wo er ebenfalls nach einer rettenden bürgerlichen Partie Ausschau hielt.[4]

---

4 Im Frankreich vor der Revolution hätte er es wahrscheinlich leichter gehabt. Erschütternd ist die Liste, die sich ebenfalls

Sprechend ist auch die Anekdote von dem fehlgeschlagenen Versuch, Georg Friedrich Händel den Doktortitel zu verleihen, der seinerzeit als Äquivalent zum einfachen Adel galt. Händel verkehrte nicht nur bei Hofe, sondern auch auf vertrautem Fuße mit Hocharistokraten wie dem Lord Chandos; da wäre der Titel protokollarisch hilfreich gewesen, jedenfalls für die Freunde von Chandos, die sich sonst fragen mussten, wie sie den intimen Umgang mit dem Bürgerlichen erklären sollten. Indes wollte Händel weder promoviert noch nobilitiert werden, tatsächlich wäre es für den seinerzeit berühmtesten Komponisten Europas auch lächerlich gewesen, ein solches Bedürfnis erkennen zu lassen. Die Promotionsanzeigen, die von seinen adligen Freunden nächtens plakatiert worden waren, ließ Händel sogleich wieder abreißen.[5]

Solche Geschichten zeugen gewiss nicht wider den ebenso verbreiteten bürgerlichen Ehrgeiz, in den Adel aufzusteigen und in seinen Kreisen zu verkehren. Dieser Ehrgeiz hatte aber ein Gegengewicht, und das Bewusstsein eigener Tüchtigkeit, offener oder heimlicher Bildungsüberlegenheit, das

---

bei Sombart findet und Kaufleute verzeichnet, welche kaum der Hefe des Volkes entstiegen sind und schon ihre Töchter mit einer entsprechenden Mitgift an notleidende Herzöge vergeben.

5 Aber auch schon zu Beginn seiner Karriere, als er in Rom die ersten Triumphe feierte, war er nicht bereit, seinen aristokratischen Gönnern entgegenzukommen. Der Kardinal Ottoboni forderte ihn vergeblich auf, zum Katholizismus zu konvertieren, um ihm eine Stellung im Vatikan besorgen zu können.

Misstrauen in adlige Verlässlichkeit, wenn nicht Verdacht auf Lasterhaftigkeit, wogen schwer. Fest steht auch, dass manche bürgerliche Selbstbeschreibung sogar vom Adel als wahr empfunden wurde, als Herausforderung, und dass die etwas fade bürgerliche Tugend die Geläufigkeit eines Gemeinplatzes annahm. In den heiteren erotischen Büchern des französischen Dixhuitième begegnet dem Leser immer wieder der gräfliche oder sogar herzogliche Frauenjäger, der vor einer bürgerlichen Frau kapituliert. In einem Roman des jüngeren Crébillon ist sogar der Seufzer dokumentiert, wieviel schwerer es doch sei, in Paris ein Bürgersmädchen zu verführen als eine adlige Tochter. Harte Arbeit! Warum wurde die Anstrengung überhaupt unternommen? Das hatte einen sportlichen Aspekt, und dieser wiederum hatte damit zu tun, dass der Adel in Frankreich generell unter den Druck der Bourgeoisie geraten war, nicht nur unter ökonomischen, sondern auch kulturellen Druck. Im vorrevolutionären Paris des 18. Jahrhunderts hatte das Bürgertum schon die Führerschaft in Mode und Lebensstil gewonnen; die aristokratischen Stutzer begannen bürgerliche Gewohnheiten, bürgerlichen Luxus, sogar diese gewissen leichten, besonders eleganten Einspänner zu kopieren, die jede Saison frisch, in immer anderen Farbkombinationen bestellt werden mussten.

Das war neu, dass der Adel sich in Fragen des Lifestyles am Bürgertum orientierte, und setzte sich nach dem Untergang Napoleons fort, der allgemein als englischer Sieg galt und deswegen auf dem Kontinent eine Anglomanie auslöste, die den Habitus des Gentleman zum Vorbild nahm. Der Gentleman aber war seinem Wesen nach nicht mehr der Kleinadlige im ursprünglichen Sinne des Begriffs[6], sondern ein Geschäftsmann mit allen bürgerlichen Attributen der Solidität und emotionalen Zurückgenommenheit. Ob dies in Frankreich oder Deutschland oder Italien, wo überall der heitere Edel- und Lebemann des Dixhuitième plötzlich hinter der blasierten Maske des demonstrativ gefühlskalten Gentleman verschwand, auch als Verbürgerlichung verstanden wurde, ist zu bezweifeln. Schriftsteller wie Stendhal, der den Wechsel in Habitus und Mentalität beobachtete, oder Maupassant, der das Desaster im Rückblick erkannte, haben das Phänomen beschrieben und beklagt. In gewisser Weise trauerten sie um das, was sie als französischen Geist noch mit dem Rokoko identifizierten; vielleicht auch weil sie Frankreich

---

6 Eine scharf umrissene Bedeutung hatte er nie, genauso wenig wie der schillernde Begriff der *gentry*. Schon Quellen aus dem 17. Jahrhundert bezeugen als Voraussetzung der Zugehörigkeit nur Besitz, zunächst Landbesitz, dann ein Vermögen, von dem sich ohne Arbeit leben lässt; aber schon Überseekaufleute wurden pauschal den Gentlemen zugerechnet. Letztlich blieb es dem Dafürhalten der Umgebung überlassen; Gentleman war, wer in höheren Kreisen »zugelassen« war oder »verkehrte«. Letztlich war auch niemandem verwehrt, seinem Namen auf Visitenkarten den Zusatz »Esq.« (Esquire, Ritter) folgen zu lassen.

noch wesentlich als aristokratisch und bäuerlich begriffen, nicht anders als Balzac, der den bürgerlichen Kapitalismus genauso leidenschaftlich beschrieb, wie er ihn als Monarchist hasste.

Auf jeden Fall zeigen der Mentalitätswandel und die literarischen Werke, die ihn schildern, wie sich hier Adel und Bürgertum nicht mehr in einer ausgemachten Ranghierarchie begegnen, sondern als zwei fast schon gleichberechtigte Mächte aufeinanderstoßen. Ihr Kampf, der das 19. Jahrhundert bestimmte, war nicht nur ein Ringen um die politische und wirtschaftliche Suprematie, auch nicht nur ein Ringen um scheinhaft hochgehaltene Werte. In seinem nachgelassenen Romanfragment »Lucien Leuwen« schildert Stendhal das Entsetzen eines aristokratischen Salons über die Soldaten, die der Bürgerkönig gegen streikende Arbeiter marschieren ließ. Die Offiziere, auch adlige Offiziere, die unter Louis-Philippe dienten, wurden daraufhin aus dem Salon verbannt. Dass die Krone sich bereit fand, die Armee im Innern einzusetzen, und zwar in offener Parteinahme für Wirtschaftsinteressen einer Klasse, galt als Skandal.

Die Indienstnahme des Staates für Klasseninteressen sollte sich allerdings im 19. Jahrhundert nicht auf das Bürgertum beschränken. In Preußen gelang es dem adligen Großgrundbesitz, eine Fülle von Gesetzen, Verordnungen und Einfuhrzöllen zu seinen Gunsten durchzusetzen, ein Lobbyismus, der weniger blutig, aber ähnlich verhängnisvoll für das Gemeinwohl war. Hier sah sich das Bürgertum (von den hungernden Arbeitern ganz zu schweigen) einem Staat gegenüber, der offen Partei für den Adel ergriffen hatte.

Welche der beiden Klassen am Ende siegte, scheint heute, mit Blick auf den globalisierten Kapitalismus, unzweifelhaft zu sein. Auch wenn das Bürgertum als kulturell und politisch dominante Kraft ebenso erlosch wie der Adel (nur sehr viel schneller), haben sich seine Prinzipien doch erhalten, die Unterwerfung unter den Leistungsgedanken, die Beherrschung von Politik und Gesellschaft durch die Wirtschaft, schließlich die Geißel der Selbstkritik, die zu fortwährender Erneuerung und Neuerfindung zwingt – heute Selbstoptimierung genannt.

Nicht ausgemacht dagegen ist, ob die bürgerliche Form der Disziplinierung, die den Menschen von vielen äußeren Konventionen befreit, dafür den gesellschaftlichen Druck in sein Inneres verlegt, ein höheres Maß an Zivilisierung hervorgebracht hat. Man kann, wenn man bürgerliche Gäste in einem aristokratischen Salon beobachtet (sich selbst beobachtet), daran mit Gründen zweifeln. Es ist mit den Festen und Geselligkeiten, die ebenfalls zu dem gehören, was vom Adel blieb, wie mit den Sitten und Gebräuchen indigener Völker im Regenwald: Sie bewahren alternative Techniken und Möglichkeiten des Menschseins, auf die man, wer weiß, eines Tages angewiesen sein könnte, wenn alles andere gescheitert ist.

Dafür muss die kulturelle Vielfalt[7] freilich auch erhalten bleiben. Glücklicherweise lassen sich derzeit für die Unterschiede von bürgerlicher Zwanghaftigkeit und adeliger Nonchalance noch mühelos Beispiele finden. Sie betreffen nicht nur den Umgang mit Rauchern. Vorhänge und Mobiliar, selbst kostbare Seiden- und Ledertapeten müssen schon deswegen nicht vor Tabakqualm geschützt werden, weil Gebrauchsspuren, auch gänzliche Zerschlissenheit keinen Makel darstellen. Die Sprungfeder eines alten Sessels darf sich dem Besucher durchaus schmerzhaft ins Gesäß prägen; der Vorgang entspricht in gewisser Hinsicht nur dem Druck eines Siegelwappens ins weiche Wachs, zur Beglaubigung der Botschaft. Das Hinfällige und Kaputte bezeugt Alter und Würde der Familie und ist insofern kein Zeichen von Verwahrlosung, sondern von liebevoller Verbundenheit mit der Tradition. Ich habe einmal einen Palácio des 17. Jahrhunderts in Mexiko-Stadt besucht, dessen Estrich knöcheltiefe Löcher aufwies, die mit doppelt und dreifach gelegten Teppichen kaschiert waren; durch ein Loch im gelben Salon hätte man sogar ein Stockwerk

---

7 Üblicherweise wird damit nur der bunte Kulturmix gemeint (und gelegentlich auch beargwöhnt), den Immigranten in ein Land bringen. Ausgeblendet wird der Mix, der schon in den unterschiedlichen Sitten und Gebräuchen der ansässigen Bevölkerung besteht – sie zerfällt seit alters in Parallelgesellschaften. Eine davon bildet der Adel, auch er für die kleinbürgerliche Öffentlichkeit uneinsehbar und unzugänglich wie nur je eine Moscheegemeinde.

tiefer fallen können, aber hier lagen die Teppiche so dicht, dass man nur ein kurzes Gefühl der statischen Verunsicherung verspürte – der Fuß kam gewissermaßen vorübergehend ins Schwimmen –, bis man durch das Gelächter der eingeweihteren Gäste auf die Gefahr aufmerksam gemacht wurde und von einer hilfreichen Hand ans sichere Ufer gezogen wurde.

Es gilt auch nicht als peinlich, wenn das lange morsche Sofa im Ballsaal, unklug an der äußersten Ecke belastet, unter dem Besucher einzuknicken droht; jedenfalls nicht als peinlich für die Besitzer, höchstens für den trampeligen Gast. Die adlige Gesellschaft ist keine Wegwerfgesellschaft.[8] Aus dem gleichen Grund – dem Einverstandensein mit jeglichen Formen des Verschleißes – hat der Aristokrat kein Problem mit Hundehaaren auf dem Sofa, und schon gar nicht würden Besucher dazu angehalten werden, die Schuhe beim Betreten der Wohnung auszuziehen. Denkbar wäre dagegen, barfuß von drinnen nach draußen oder umgekehrt zu wechseln, alternativ auch in Gummistiefeln aus dem Stall herbeizulaufen. Man ist sich nicht

---

8 Wenn es anders wäre – wenn alles Überkommene stets gegen Produkte nach neuesten technischen und ethischen Standards ausgetauscht würde –, gäbe es auch keinen Adel mehr. Dessen Verhältnis zur Gebrauchstüchtigkeit von Erbstücken entspricht eher der Einstellung des außerirdischen Egozentrikers Alf (aus der bekannten Fernsehserie), der als seine »Devise« verkündet hat: »Was sich nicht reparieren lässt, ist auch nicht kaputt.« Diese Devise ist in gewisser Hinsicht ein echt aristokratischer Wappenspruch.

zu schade, die Zündkerzen im Oldtimer kurz vor der Abfahrt zu prüfen, man würde sich auch im Stadtanzug ohne weiteres unter den Wagen werfen, wenn man anders an ein verdammtes Kabel nicht kommt.[9] Man ist sich überhaupt grundsätzlich nicht zu schade für irgendeine rustikale Tätigkeit. Furcht vor schmutzigen Händen oder Schrammen gilt als spießig, auch die Sorge um teure Kleidung zeugt nicht von eleganter Erziehung, wäre aber im Grenzfall, wenn es darum ginge, Smoking oder Ballkleid nicht schon unmittelbar vor dem Fest zu ruinieren, noch zu tolerieren. Nach dem Fest, wenn beispielsweise das Auto abermals den Dienst verweigert, sieht die Sache wieder anders aus, und auch während eines Balles wäre es durchaus denkbar, den Hausherren mal eben mit der Laterne zu den Pferden zu begleiten und anschließend voller Heu und Tierhaaren in den Saal zurückzukehren.

Es gibt zwei Formen der Dekadenz, eine bürgerliche und eine adlige Form von Dekadenz, und sie begründen auch ein unterschiedliches Verhältnis zur unreinen Materie. Die beiden Freunde, die aus einer Laune heraus während einer Ballpause den

---

9 Als Kind hatte ich das denkwürdige Erlebnis zweier Engländer, die mit ihrem schweren Bentley in den Dünen von Fanö gestrandet waren und sich tatsächlich in ihren karierten Tweedanzügen ungesäumt unter den Wagen warfen, um ihn händisch freizuscharren, was mein begeisterter Vater als untrügliches Zeichen von *upper class* deutete. – Vielleicht sitze ich einem von ihm konstruierten Mythos auf.

Pferdestall besuchen, vertreten ja Adel und Bürgertum nicht auf dem Höhepunkt ihrer Vitalität und Macht, noch nicht einmal zu Zeiten des Niedergangs, sondern nach vollzogenem Abstieg. Es sind Überbleibsel, zwei Nachkömmlinge, die sich beim schwachen Schein der Stallaterne über Dung und Stroh zu den Pferden vorarbeiten. Und da zeigt sich nun, dass der Gutsherr mit kräftigen Waden munter über den frischen Mist schreitet, während das Bürgerlein schwankend und glitschend, voller Sorge wegen der dünnen Sohlen seiner Smokingpumps, wie auf einem Seil balanciert. Er hat auch Hemmungen, an den Holzbalken Halt zu suchen, weil er sich einen Splitter einziehen könnte.

Aber dann, vor den Pferdehintern, ändert sich das Bild. Der Gutsherr lässt seine Pranke auf die Kruppe fallen, und wesentlich mehr als Stolz und Genugtuung über Gesundheit und Preis der Tiere wandelt ihn nicht an. Aber den Bürgerlichen! Den Bürgerlichen überkommt sein romantisches Temperament. Von seinen Lippen strömt Poesie, er lobt und rühmt und wird des Lobens und Rühmens nicht müde, auch der Mondschein, der jetzt durchs schmutzige Fensterchen auf die Nüstern der Trakehner fällt und ihre fein geschwungene Kurve silbern vom dunklen Maul abhebt, wird in den Lobgesang eingearbeitet.

Und so zeigt sich hier noch einmal der Unterschied der beiden Klassen, die Europa geprägt haben – und wie groß diese Prägekraft ist, dass sie sich noch an den degenerierten Spätlingen beweist, deren Klassenzugehörigkeit aus wenig mehr als ein paar Genen und Reminiszenzen besteht. Vielleicht ist es auch nicht richtig, von Degeneration zu reden, aber als historische Metapher genommen (nicht als biologische Aussage) ist sie womöglich präziser als der Begriff der Dekadenz.[10] Der degenerierte Adlige also hat keine Furcht vor Erde und dem Lebendigen, er ist nicht etepetete und zimperlich, er wächst gleichsam in die Ackerfurche zurück, wird robust und verwandelt sich wieder in den bessergestellten Bauern, der er einmal war, vielleicht auch in den Söldnerführer und Kriegsknecht. Der degenerierte Bürgerliche dagegen ist zart, sehr zart, wehleidige Verzärtelung kennzeichnet ihn wie Christian Buddenbrook[11]. Er ist musisch be-

---

10 Beide Begriffe sind heute verpönt, wahrscheinlich zu Recht. Aber irgendwie muss man benennen können, was sich überlebt hat, nutzlos geworden ist oder außer Gebrauch geraten und dabei Alterungsspuren oder Lagerschäden entwickelt hat – eine Patina bekommen hat, die je nach ursprünglicher Beschaffenheit unterschiedlich ausfällt. Chagrinleder altert anders als Pferdeleder.

11 Die Figur aus Thomas Manns berühmtem Roman ist geradezu der Inbegriff bürgerlicher Degeneration zu Untüchtigkeit, musischem Dilletantismus und hysterischer Introspektion, die ihn am Ende eine trügerische Zuflucht bei den unterbürgerlichen Schichten suchen lässt. Interessanterweise avancierte seine stehende Wendung »Ich kann es nun nicht mehr« zum Lieblingszitat eines bürgerlichen Milieus, das seine Zweifel an der eigenen Vitalkraft in Christan Buddenbrook nicht karikiert, sondern liebevoll aufgehoben fand. Ganz ähnlich pflegte meine Großmutter gelegentlich mit Blick auf die Familie zu seufzen: »Wir sind alle fürs Sanatorium geschaffen.«

gabt, ästhetisch übersensibel, die falsche Farbe, am Morgen gesehen, kann ihn aus der Bahn werfen. Er ist nervös und enthusiastisch. Stimmungen beherrschen ihn. Der überlieferte bürgerliche Individualismus, die bürgerliche Aufmerksamkeit fürs Seelische, die große Kunstwerke geschaffen haben, sind narzisstisch entgleist. Wir haben ein Seelchen vor uns, eine Memme, der nur noch eine Fähigkeit geblieben ist: schön und lang zu sprechen. Ihm gegenüber steht der Adlige wie ein Felsblock, den kein neuer Gedanke erschüttern kann und der nur die vorgestanzten Formeln seiner Umgebung als Echo zurückwirft. Die beiden könnten sich prächtig verstehen, Halt gegen Einfühlung tauschend. Sie könnten sich aber auch hassen, die Klassenfeindschaft von Jahrhunderten noch einmal nachbuchstabieren.

Seelenleben, Bildungsverfall

Es gibt einen Typus von Freundschaft zwischen Adligen und Bürgerlichen, der symbiotische Züge hat. Nicht selten ist es eine Freundschaft von Frauen, meistens sehr jungen Frauen oder sehr alten Damen. Ihre Symbiose beruht auf der lebenspraktischen Robustheit der einen und der seelenkundlichen Expertise der anderen. Die Aristokratin lauscht den psychologischen Ausführungen ihrer Freundin wie einem Sirenengesang, der nie gehörte Melodien vorträgt. Die Bürgerliche, vertraut mit allen prekären und verzwickten Gemütslagen, aber unfähig zu Entscheidungen, erfährt im Gegenzug, wie sich das Leben durch Entschlusskraft vereinfachen lässt. »Du lässt dich jetzt scheiden, fertig, Punktum.« Dass man einen komplizierten Knoten auch mit einem Schwerthieb durchhauen kann, erfüllt die Bürgerliche mit Grausen und Bewunderung. Die Aristokratin wiederum hatte das unendlich Verwickelte des Knotens wahrscheinlich bis dahin gar nicht wahrgenommen. Nun gerät sie ins Grübeln und fragt sich, ob ihr Leben vielleicht auch so einen interessanten Knoten enthalten könnte? Könnte sie selbst womöglich interessant sein? Sie empfängt von der bürgerlichen Freundin die berauschende Ahnung individueller Besonderheit, man könnte auch sagen, sie wird zum Kult des Selbst verführt; eine Verführung, die immer gelingt. Wer will sich nicht als etwas Besonderes fühlen?

Der Adel vermittelt seinen Angehörigen im allgemeinen dieses Gefühl persönlicher Besonderheit nicht, sondern nur die Besonderheit seines Standes. Diese wird durch eine Konvention verbürgt, die allgemein gilt. Das Individuelle, das in einer Abweichung vom Allgemeinen besteht, muss also geradezu nach der Standeslogik irrelevant bleiben. Andernfalls würde der Adel die Unschuld des Objektiven verlieren und sich in persönlichen Hochmut, in eine bloße Anmaßung verwandeln.

Die Kunst, dem Adel diese Unschuld zu rauben – die Unschuld einer Existenz in der Natur und inmitten von Konventionen, die als ebenso natürlich empfunden werden wie Feld, Wald und Wiesen –, beherrscht nun freilich der Bürger seit alters. Mit solchen Verführungskünsten haben bereits die Hauslehrer an Fürstenhöfen des 18. Jahrhunderts gearbeitet, erst recht die empfindsamen Liebesromane der Epoche, die inmitten noch recht wüster Abenteuerhandlungen eine zarte Seelenlandschaft entfalteten – genau die Art von Kitsch, von der heute Fernsehserien leben.

Überhaupt gehört der Kitsch dem Bürgertum, nicht dem Adel, und vielleicht ist auch die Seele, die Seele nicht als metaphysische Größe, sondern als individueller Besitz, eine bürgerliche Erfindung.¹ Die Kulturhistoriker, die sich mit der Herausbildung des modernen Individuums in der Neuzeit beschäftigten, haben das so gesehen; später ist es auch wieder bestritten worden. Gleichwohl gibt es einen verblüffenden zeitlichen Zusammenhang zwischen Aufstieg des Bürgertums, Entdeckung des Individuums und der Reformation, die ja ebenfalls das Innere des Gewissens über die erkaltete Glaubenskonvention stellte. Bürgertum und seelisches Erleben emanzipieren sich gleichzeitig von ehemals übergeordneten Instanzen. Anders gesagt: Das Bürgerlich-Subjektive setzt sich gegen das Aristokratisch-Objektive durch – oder be-

---

1 Nach einer verbreiteten, wenngleich selten ausdrücklich formulierten Vorstellung ist das Seelenleben eine anthropologische Konstante, nur seine kulturellen – sozialen, religiösen, nationalen – Ausdrucksformen unterscheiden sich. Das ist wahrscheinlich richtig, aber wie ließe sich dieses allgemein-menschliche Seelische beobachten, ohne dass es sich ausdrückt? Wenn es sich aber ausdrückt, kann es nur in den Konventionen geschehen, die in allen Kulturen den seelischen Ausdruck regulieren. Das Dilemma ähnelt der philosophischen Frage, ob Denken ohne Sprache möglich sei. Ludwig Wittgenstein hat sie mit der paradoxen Aufforderung beantwortet: Sage mir, was du denkst – aber ohne zu sprechen! So haben wir auch vom Seelenleben unserer Mitmenschen nur ihre Rede darüber, und da freilich gibt es große Unterschiede – zwischen Adligen und Bürgerlichen schon einmal einen großen quantitativen Unterschied. Der Bürger redet einfach viel mehr und viel lieber über seine emotionalen Sensationen. Die Wichtigkeit, die er sich damit als Individuum beimisst, kompensiert in gewisser Hinsicht die Wichtigkeit, die der Adelige seinem Stand beimisst.

hauptet doch einen neuen Platz in der objektiven Ordnung.

Selbstverständlich ignoriert diese Vereinfachung, dass auch das Bürgertum überraschend rigide Konventionen herausbildete, auch »die Seele« wurde bald eine Konvention. Man »fühlte«, aber man wusste auch, dass man zu fühlen hatte und was die Inhalte eines solchen Gefühlslebens sein sollten. Jean Paul hat, nachdem die Herausbildung des bürgerlichen Gefühlslebens Ende des 18. Jahrhunderts abgeschlossen war, mit bitteren Worten dessen Unwahrhaftigkeit und Vorbestimmtheit karikiert.

Nichtsdestotrotz kann dieses Gefühlsleben noch immer von Adligen neu entdeckt werden. Vorausgesetzt natürlich, sie genossen das Privileg, jenseits der bürgerlichen Vorstellungswelt aufzuwachsen, was allen Wahrscheinlichkeiten zum Trotz auch im 21. Jahrhundert noch möglich scheint. Die Fähigkeit des Adels, vor allem des österreichischen Adels, Weltfremdheit zu organisieren, ist staunenswert und erreicht fast das Niveau religiöser Sekten. Und tatsächlich ist oft ein extremer Katholizismus im Spiel, der wie zu Zeiten der Bourbonenrestauration in Frankreich die Kinder und Frauen von allen verderblichen Medien fernzuhalten sucht,[2]

---

[2] Was es damals für Frauen bedeutete, von allen kritischen Bildungsinhalten und zeitgenössischen Wissensquellen ausgeschlossen zu werden, und zu welchen Verrenkungen in der Kommunikation es führte, wenn Frauen die Kenntnisse, die sie heimlich doch erlangt hatten, sorgsam verbergen mussten, kann man in den

von Zeitungen ebenso wie vom Fernsehen (und selbstverständlich vom Internet). In entsprechend ultramontanen Kreisen ist es sogar möglich, mit dem Ausmaß der intellektuellen Enthaltsamkeit zu renommieren; eine möglichst umfangreiche Liste der Lektüren, die man seinen Frauen und Töchtern verweigert, ist ein Distinktionsmerkmal, das fast der Zugehörigkeit zum Hochadel gleichkommt.

Und nun stellen wir uns einmal vor, dass ein solchermaßen erzogenes Mädchen unter bürgerliche Intellektuelle fällt ... Um die Annahme einigermaßen plausibel zu machen, müssten wir uns allerdings auch vorstellen, dass es sich nicht um akademische Sandalenträger handelt, sondern um Abkömmlinge einer historisch älteren Schicht, die ihre Bildung und weitergehende gefährliche Eigenschaften unter grauem Flanell verbergen. Tatsächlich wollte es der Zufall, dass die abwegige Vorstellung Wirklichkeit wurde, als Ende des vorigen Jahrhunderts zwei Freunde, ein Autor und sein Verleger, gemeinsam verreisten, um an einem Buch zu arbeiten, und zwei junge adlige Damen dabeihatten,

---

Romanen Stendhals und seinem großen Essay »Über die Liebe« nachlesen. Übrigens wurden auch Tischgespräche entsprechend reguliert, man durfte weder Politik noch Religion noch strittige historische Vorgänge oder umstrittene Denker erwähnen, es entstand also eine lähmende Langeweile, und genau diese erstickende Beschränkung auf das Allerbanalste lässt sich auch heute noch mühelos in der Konversation des ultrakatholischen Adels erleben; nicht dass jemand denkt, Stendhals Diagnosen hätten sich überlebt.

vorgeblich als Assistentinnen. Sie waren ihnen nur flüchtig bekannt, aber die Absicht der Herren wird schon festgestanden haben, sie zu Gespielinnen zu haben. Vielleicht ahnten auch die jungen Frauen, worum es ging; vielleicht aber auch nicht, denn sie waren ja zu zweit, die Herren auch zu zweit, und eine Unternehmung zu vieren hat etwas Unverfängliches.

Tatsächlich aber landeten beide, mit einem Zeitabstand von anderthalb Tagen, in den Betten, die ihnen bestimmt waren. Keine Gewalt war im Spiel, nicht einmal das Ausnützen einer Hotelsituation. Vielmehr »hat er mich einfach ins Bett geredet«, wie mir Jahre später eine der Frauen erzählte. Es war keine schamhafte Beichte, sondern eine ironische Abrechnung, auch mit sich selbst. »Was«, fragte ich damals entgeistert, »soll das heißen: ins Bett geredet?« – »Nun, er hat sich einfach, nachdem er brav an die Zimmertür geklopft hat, in seinem überirdisch gut gebügelten Pyjama auf meine Bettkante gesetzt und so lange geredet, bis ich ...« Die Szenerie schien mir irreal, fast traumhaft surreal, so dass ich selbst wie in Trance unwillkürlich weiterfragte: »Bis du – was?« – »Nun«, sagte sie schlicht, »er hat einfach sehr schön und sehr lange geredet.« – »Und – nur damit ich es mir irgendwie vorstellen kann – wie lange ungefähr?« – »Ungefähr zwei, drei Stunden, es dämmerte schon.«

Nach zwei, drei Stunden Schönrede eines bürgerlichen Intellektuellen hatte sich die Komtesse also ergeben. Ihre Freundin hatte sich tags zuvor in ihr Schicksal gefügt, nachdem sie, etwas gesitteter, an der Bar zugetextet worden war. Wie soll man sich diese Macht der Rhetorik erklären? Vielleicht konnte sie ihre hypnotische Wirkung entfalten, weil die Droge der einfühlsamen Seelenrede im Herkunftsmilieu der Komtessen unbekannt war.[3] Vielleicht hatte die beiden aber auch eine Ohnmacht angewandelt angesichts der Aussicht, im Falle des Widerstrebens wochenlang fortgesetzten, mehrstündigen Vorträgen ausgesetzt zu werden.

Jedenfalls bleibt festzuhalten, dass die Bourgeoisie im Umgang mit der Aristokratie über ein Instrument der Manipulation verfügt, das ihr die alten Romane noch nicht zugetraut haben, in denen scheue Bürgermädchen dem Redefluss ihrer adligen Verführer nur das wortkarge Lispeln der Tugend entgegensetzten. Vielleicht sollte man den Romanen aber auch nicht glauben, oder sie zeigen nur die Rolle, die man allgemein den Frauen aufgezwungen hatte. Das Zeugnis der Literatur

---

3 Selbstverständlich gibt es Ausnahmen (wie überhaupt für alles, was ich hier anführe). Dazu gehören die pietistischen Traditionen, die in streng lutherischen Adelskreisen noch lebendig sind und ja seit alters über ausgefeilte psychagogische Mittel verfügen. So erinnere ich mich an die Gräfin S***, die tagaus, tagein in Strickjacke und Gummistiefeln auf ihrem (übrigens sehr hübschen) Landgut tätig war, mich bei ihren Verrichtungen mitmarschieren ließ und dabei einem höchst subtilen Seelenverhör aussetzte, das alle Schliche meines jugendlichen Charakters ans Licht brachte und mit spöttischen Bibelzitaten kommentierte.

ist nicht eindeutig, was die rhetorische Ertüchtigung der Bourgeoisie anlangt. Sicher ist nur, dass dem Adel die Gabe der manipulativen Rede verloren ging.

Das hat auch mit gewolltem Bildungsverfall zu tun. Jahrhundertelang gehörte zur Erziehung Adeliger das rhetorische Training, eingebettet in den Unterricht alter und neuer Sprachen, alter und neuer Literatur. Jahrhundertelang lernte das Bürgertum nichts Vergleichbares. Als es aber schließlich Ende des 18., Anfang des 19. Jahrhunderts den Anschluss an das Unterrichtsniveau fand und bald darauf übertraf, gab der Adel seinerseits jeden Ehrgeiz auf und regredierte zu Lodenmantel und Trachtenknopf. Die Ausnahmen staunenswerter Bildung, die es gibt, gehen meist auf eine bürgerliche Mutter zurück. Manchmal ereignet sich auch der tragische Fall einer spontanen Ansteckung mit Geist und Intellektualität. Die solchermaßen Infizierten irrlichtern am Rande der Adelsgesellschaft wie Glühwürmchen, auf die man sich in einer festlichen Ballnacht vom Balkon aus aufmerksam macht. So recht gehören sie nicht mehr dazu, sie haben sich bestenfalls in Attraktionen verwandelt; wenn sie nicht gleich als Gestrauchelte angesehen werden.

Bevor man sich darüber mokiert, sollte man indes beachten, dass Bildungsferne auch als das Unverbildete verstanden werden kann – als Schutz angeborener Tugenden, als schöne Naivität, die womöglich der Zivilisation überlegen ist, zumindest der Entfremdung in der modernen Gesellschaft entgehen kann. Dieser kulturpessimistische Gedanke, der sich im Zuge der Industrialisierung bis zur *idée fixe* der abtretenden Eliten steigerte, könnte sehr wohl auch zum Hintergrund der adligen Schlichtheitsideale gehören, die noch heute im Umlauf sind und stets einen gewissen Stolz auf Bildungsferne einschließen.

Möglicherweise lässt sich das Motiv sogar noch weiter zurückverfolgen, bis zu jener Verehrung des Edlen Wilden, die im 18. Jahrhundert aufkam, als Aufklärung die Welt entzauberte, Schiller die Entfremdungswirkung der arbeitsteiligen und professionalisierten Gesellschaft zu fürchten begann und der Spezialist zum ersten Mal seine blasse, verkrüppelte, um wesentliche Teile des Menschseins verkürzte Gestalt entwickelte. Nicht auszuschließen, dass sich der Adel, der an der Professionalisierung keinen Anteil hatte, in dem Edlen Wilden wiedererkannte (auch wenn der Figur das Vorbild des Indianerhäuptlings zugrunde lag – Häuptling war immerhin Häuptling).

Es ist immer schwierig zu ermitteln, wie lange Ideen der Geistesgeschichte ihre Entstehungszeit überleben oder untergründig weiterwirken. Aufklärungskritik, Verdruss an der Expertengesellschaft, Wissenschaftsskepsis und Anti-Intellektualismus gehören jedenfalls anhaltend zum Gedankengut aller Kreise, die älteren Gesellschaftszuständen nachhängen.[4] Insofern könnte man immerhin mit dem Gedanken spielen, ob nicht am Ende noch in den heutigen, für den bürgerlichen Bildungssnob leicht minderbemittelt wirkenden Aristokraten das Leitbild des Edlen Wilden nachhallt. Sie trotzen jedenfalls auf eine Weise der Wissensgesellschaft, die den Umgang mit ihnen erheiternd, in gewisser Weise entlastend und angenehm macht.

---

4 Inzwischen auch in vielen bürgerlichen Milieus, vor allem den vermögenderen. Die Allianz von Besitz und Bildung ist längst zerfallen, und Bildung gilt gerade den Reichen von heute wieder als gefährliche Quelle umstürzlerischer Gedanken, zumindest solcher, die zu Steuererhöhungen führen könnten.

Betriebsgeheimnisse

ETWAS Ungemütliches und Heikles ist dabei, auf diese Weise über den Adel zu sprechen. Der Adel selbst tut es jedenfalls nicht oder doch nicht in der Art, wie der Bürger sich kritisch beobachtet und auf die Schliche zu kommen sucht. Das Spiel mit der Selbstdistanzierung ist keine aristokratische Gewohnheit, wenngleich es selbstverständlich traditionelle Formen auch für die adlige Selbstbespiegelung gibt.[1] Traditionell studiert man zum Beispiel die Familiengeschichte, vielleicht prüft man den letzten Eintrag im »Gotha«, vielleicht geht man im Geiste die letzten Einladungen durch, die man empfangen oder ausgesprochen hat, und kann sich auf diese Weise ein Bild von seinem gegenwärtigen Kurswert in der eleganten Welt machen. Aber solche oder andere Üblichkeiten kritisch zu durchmustern und zu befragen, überhaupt die Selbstverständlichkeiten aus ihrer Selbstverständlichkeit zu zerren und aus dem Gewohnten etwas Staunenswertes zu machen, ist keine aristokratische Übung. Es ist etwas durch und durch Bürgerliches. Erst

---

[1] Sie ist aber nicht notwendig; denn das Bewusstsein seiner Adligkeit verlässt den Adel ohnehin nie beziehungsweise höchstens, wie mir eine aristokratische Freundin auf bohrendes Nachfragen erläuterte, »vielleicht mal abends beim Zähneputzen«.

recht ist die Soziologie, die den Alltagspraktiken ihre Unschuld raubt und sie auf ein übergeordnetes System von Macht und Interessen bezieht, eine bürgerliche Wissenschaft.

Als solche tendiert sie auch nicht zu der eleganten Undeutlichkeit, die zur Ausdrucksweise des Adels gehört. Die Sprache der Soziologie, die von selbst eine gewisse Verfremdung des Gegenstands, jedenfalls eine Entfremdung von dem Selbstverständnis der untersuchten Personen beinhaltet, bildet den denkbar größten Gegensatz zu dem sogenannten Schlossdeutsch, das noch heute in mehreren Varianten (unter anderem als Schönbrunner Deutsch) gesprochen wird. Es zeichnet sich durch allerlei phonetische und semantische Besonderheiten, vor allem aber durch seine gezielte Unschärfe aus.

Im Schlossdeutschen kann von einfachen Dingen einfach gesprochen werden (»Er hat geblutet wie ein Schwein«) – und von anderen Dingen gar nicht. Für sie gibt es nur pauschale Abbreviaturen, die an Geheimcodes erinnern; manche sind familienspezifisch. Eine Variante: Alles, was irgend angenehm ist, wird als »gemütlich« bezeichnet, und alles irgend Unangenehme als »überflüssig«, ersatzweise auch als »langweilig« oder »mühsam«. Das ist nicht ganz gegen die allgemeinsprachliche Intuition, bewirkt aber im Einzelfall eine kuriose Verschiebung ins Harmlose. Der blutige Unfall ist »überflüssig«, das Opfer hat es jetzt »mühsam«; dass es noch dazu ein Fest versäumen musste, ist

»mehr als langweilig«. Dagegen war nicht nur der Ausflug zuvor »gemütlich«, sondern auch der Horrorfilm, den man gemeinsam gesehen hat. Das Gemütliche daran war selbstverständlich nicht der Horror, sondern der Umstand des Beisammenseins unter Standesgenossen – das Fehlen störender Beimischungen. Dagegen heißt es, wenn man eine boshafte Kollegin im Büro aushalten muss: »Wie überflüssig!« Wenn der Vater an Krebs erkrankt: »Wie mühsam!« Wenn der Chef ein Tyrann ist: »Wie langweilig!«

Das Schlossdeutsch ist, was die Möglichkeit zum präzisen Ausdruck einer Situation oder Empfindung anlangt, eine echte Behinderung – und passt insofern zu den aristokratisch gewollten Einschränkungen der geistigen Beweglichkeit. Es ist aber wie diese auch ein Distinktionsmerkmal, das künstlich gepflegt und am Leben gehalten wird. Die Verweigerung des allgemeinverständlichen Ausdrucks ist erwünscht. Sie ist eine der vornehmen Untüchtigkeiten, die schon deswegen vornehm sind, weil man sich die Untüchtigkeit leisten können muss – die Putzfrau, der Handwerker, der Unternehmer können es nicht.

Drei Botschaften vor allem sendet der Sprecher des Schlossdeutschen. Erstens: Ich spreche einen Familienjargon, weil ich den gesamten Adel als meine Familie betrachten darf, und ich verwende diesen Jargon immer und überall, weil ich grundsätzlich nur zu Familienmitgliedern spreche. Zweitens: Wenn ich nicht verstanden werde, heißt das nur, dass gerade keine Familienmitglieder da sind. Von anderen will ich aber gar nicht verstanden werden, denn sie würden mich – nämlich meine adelige Besonderheit – selbst dann nicht verstehen, wenn ich ihre Sprache spräche. Drittens: Ich sehe die Hauptverantwortung der scheiternden Kommunikation bei meiner nichtadligen Umgebung, weil es im Grunde ihre Aufgabe wäre und in der guten alten Zeit auch war, meine hingenuschelten Undeutlichkeiten richtig zu interpretieren. In der guten alten Zeit hätte man einen Dienstboten, der ein Wort unzutreffend deutete, züchtigen können, und das würde ich auch heute noch gerne tun, wenn nicht die elende Demokratie dagegen wäre.

Es steckt in dem Schlossdeutschen ein aggressiver Narzissmus, und dies ist ein Grund, warum es Aristokraten von empfindlicherem Ehrgefühl vermeiden; sie scheuen den Hochmut darin, den sie nicht als vornehm, vielleicht sogar als etwas vulgär empfinden. Die Empfindung geht wahrscheinlich schon einige Generationen zurück; der preußische Adel hat sich bereits in friderizianischer Zeit, wenn nicht auf Französisch, dann so volkstümlich wie möglich ausgedrückt. Man markierte den Standesunterschied, indem dessen Markierung demonstrativ vermieden wurde. Es könnte auch eine gewisse Genugtuung darin gesteckt haben, sprachlich das Bürgertum und seine komplizierte Intellektualität zu überspringen und sich direkt ans

Volk zu wenden. Von diesem zunächst rein sprachlichen Bündnis führt ein direkter Weg zu den Junkerradikalen und roten Grafen späterer Tage.

Andere Teile des familiensprachlichen Konzepts sind jedoch weit verbreitet; dazu gehören das automatisierte Duzen und die schon viel und instinktlos belachte Übung, alle Menschen mit ihrem Kosenamen aus der Säuglingszeit weiter zu benennen. Außenstehende, die den Adi und den Radi, die Wummi und die Brummi nicht kennen und mit einem Familiennamen verknüpfen können, werden den üblichen Klatschgesprächen des Adels nicht folgen können. Umgekehrt lässt sich durch Kenntnis der Kurznamen auch von Außenstehenden ein gewisses Maß an Zugehörigkeit simulieren; das Mittel muss jedoch vorsichtig dosiert werden, um nicht als aufdringlich zu erscheinen.

Das Spiel von Exklusion und Inklusion kennt viele weitere Regeln; die Beachtung altmodischer Formen der Höflichkeit – man steht auf, wenn eine Dame an den Tisch tritt oder ihn wieder verlässt – ist nur eine davon und jene, die dem Bürgerlichen am wenigsten schwerfällt. Kompliziert sind die von Saison zu Saison wechselnden Moden; sie betreffen bestimmte Filme, Bücher, Politiker, die gerade besonders zu schätzen sind, sich aber keineswegs automatisch durch ihren Konservatismus empfehlen. Einen Automatismus bevorzugter Kleidung gibt es auch nur im niederen Adel, wo Loden und Trachtenanzüge, Paisleymuster, Twinsets und

Perlenketten (und ehemals auch der Schottenrock) als sichere Wahl gelten.²

Der höhere Adel hat eine solche Uniformierung immer ebenso abgelehnt wie das Tragen von Siegelringen; hier konnte man auch sehr poppig und nach dem *dernier cri* der Außenwelt gekleidet sein. Indes wird aus dem Angebot der aktuellen Mode immer eine idiosynkratische Auswahl getroffen; ob etwas, was gerade aufkam, übernommen wird oder nicht, was genau es ist und warum, können auch Adlige nicht nach einem inneren Kompass entscheiden, sie müssen es wissen und können es nur wissen, wenn sie an das Netzwerk angeschlossen waren, in dem meistens eine oder wenige Personen die Richtung angeben. Was prädestiniert diese für die Rolle des Trendsetters? Sie müssen ihrerseits als Person gerade »in Mode« sein, und darüber befinden kollektive Stimmungen, die genauso launisch und rätselhaft erscheinen wie die Ergebenheit, mit der die nichtadlige Internetgemeinde einem Influencer folgt. Wie man sich einen solchen für die elegante Pariser Gesellschaft vor dem Ersten Weltkrieg vorstellen muss, hat Proust in der Prinzessin

---

2 Das Tragische dieser Wahl besteht allerdings darin, dass sie genauso von bestimmten bürgerlichen Milieus getroffen wird, manchmal weil sie sich der gleichen Tradition verpflichtet fühlen, manchmal (und vor allem in Salzburg oder München), weil sie damit die Grenze zum Adel verschwimmen lassen möchten. Dümmstenfalls kopiert also der Baron nur den Bürger, der einen Baron kopiert.

Mathilde gestaltet – und weniger liebevoll, gewissermaßen als bürgerliche Karikatur, noch einmal für die Nachkriegszeit in Madame Verdurin, womit er schon andeutete, dass der adlige Herdentrieb zum Muster der modernen Massengesellschaft werden sollte.

Der virtuelle (manchmal auch reale) Salon, in dem über die aktuelle Adelsmode entschieden wird, ähnelt im Kleinen dem imaginären Salon im Großen, in dem It-Girls, Modekritikerinnen, neuerdings auch Bloggerinnen und einige ausgewählte Popstars die Marschrichtung bestimmen. Historisch gesehen war es umgekehrt: Die internationale Modeszene organisierte sich nach dem Muster der adligen Gesellschaft. Die hierarchische Ordnung der Konsumöffentlichkeit mit einigen wenigen, nicht gewählten Trendsettern (oder nur durch Akklamation bestimmten) an der Spitze ist die auffälligste Spur, die der Adel bis heute hinterlassen hat.

Auf dieser inneren Verwandtschaft beruht wohl auch die Affinität von Adel und Popwelt; Aristokratinnen können sich wie Popstars inszenieren, und Popstars streben nach Schlössern und Fürstenglamour. Auch der Jubel der Massen lebt von einem starken antidemokratischen Affekt und der Verachtung der glanzlosen, stumpfen und zähen bürgerlichen Arbeitswelt. Hier schießt alles zusammen, was vom Adel blieb: die willkürliche Setzung von Herrschergestalten und die Freude am

Beherrschtwerden, die Verehrung von Glanz und Prunk, die gerade nicht durch Arbeit und Mühsal errungen werden dürfen, weil sie sonst ihren Zauber verlören. Man erkennt an dem großen Zirkus auch noch in Umrissen, was die Legitimität von Adel und Monarchie einmal ausgemacht hat: Es war nicht die Legitimität der repräsentativen Demokratie, sondern die Legitimität der symbolischen Repräsentation. Der Fürst repräsentierte sein Volk nicht anders, als heute der Popstar die Massen repräsentiert, indem er ihre Sehnsüchte bündelt und ein Wunschbild verkörpert.

Es liegt im Wesen des Charismas, dass es nicht von seinen Trägern analysiert werden kann. Stellen wir uns vor, Madonna hätte erläutert, worauf das Geheimnis ihres Erfolgs beruhe, oder Ernst August von Hannover, warum man gelegentlich einen Reporter mit dem Regenschirm verprügeln müsse, oder Gloria von Thurn und Taxis, wie man durch eine anmutige kleine Obszönität zum Liebling der Klatschpresse wird.[3] Die großen Rockstars der siebziger Jahre haben ja auch die Zerstörung von Hotelmobiliar nicht als Bestandteil ihrer Marketingstrategie ausgewiesen.[4]

---

[3] In einer Talkshow erfand sie für das, was sie als Lieblingsbeschäftigung der Schwarzafrikaner ansah, das Wort »schnackseln«.

[4] Auch jugendliche Aristokraten, vorzugsweise in England, haben in überschäumender Feierlaune schon Hotelzimmer zerlegt, was ihre Familien nicht weiter schwernahmen, nur von der

Wer so etwas dagegen gerne analysiert, ist der Intellektuelle, der überall nach Betriebsgeheimnissen und den Zahnrädern eines verborgenen Mechanismus sucht. Er genießt kein Schauspiel, ohne zu prüfen, wie es wohl hergestellt wurde, und es dadurch der eigenen Perspektive zu unterwerfen. So unterwirft auch der soziologische Blick den Adel seiner Perspektive, und es tut dabei nichts zur Sache, wie wohlwollend diese Perspektive ist. Die Unterwerfung selbst hat etwas Gewaltsames, Züge einer Kolonialisierung. Der Adel wird in ein fremdes Gedankensystem verschleppt und existiert dort fortan als Objekt, Beispiel oder Metapher. Wie es wohl dem Bürgerlichen gefallen würde, der kritischen Bemusterung durch einen aristokratischen Autor ausgesetzt zu werden?

Nun – wahrscheinlich ganz gut. Der Bürgerliche würde sich amüsiert, angenehm befremdet unterhalten fühlen und wahrscheinlich zu seiner Lieblingsübung, der Selbstkritik, herausfordern lassen. Das Verhältnis zwischen den beiden Klassen ist auch heute, da sie nur noch in historischen Reminiszenzen und emotionalen Reflexen bestehen, nicht symmetrisch. Etwas Unfaires, eine kleine Rangelei ist immer dabei. Der Adel hat seinen unerschüt-

---

Regenbogenpresse mit heuchlerischer Empörung quittiert wurde. Auch hierin sieht man die innere Verwandtschaft von Adel und Popwelt – nach ihrem Lebensgefühl stehen sie vielleicht nicht oberhalb, aber außerhalb der bürgerlichen Wertewelt.

terlichen Hochmut, der auf der Geburt beruht, die man ihm nicht bestreiten kann; der bürgerliche Intellektuelle hat die Chance, jederzeit die Metaposition der Reflexion einzunehmen und solchermaßen noch einmal ein Stückchen weiter von oben herabzuschauen, selbst auf den Hochmut des Adels. Dieser ist jetzt sein Untersuchungsgegenstand. Man könnte sich fragen, ob die unbezwingliche Neigung, sich alles als Objekt der Reflexion untertan zu machen, als eine Art nachgetragener Klassenkampf gesehen werden kann, etwas in Zeiten der Ständegesellschaft Antrainiertes, in denen das Bürgertum nur über seine Diskursmacht verfügte.

Im übrigen darf nicht vergessen werden, dass Intellektuelle, Künstler wie Gelehrte, lange Zeit nur wie bessere Dienstboten angesehen waren, die man für ihre Zauberkunststückchen bezahlte, im Haushalt vorrätig hielt, um sie Gästen zu zeigen, und im Zweifel auch mit einem Fußtritt traktieren konnte. Gleichwohl war eine Anstellung bei Hofe oft die einzige Möglichkeit, eine künstlerische oder gelehrte Tätigkeit auszuüben, nur dort fand sie eine (wie auch immer fragile) Hochschätzung und ein entsprechend gebildetes Publikum. Auch von dieser Jahrhunderte währenden Übung könnte sich noch eine Spur bis ins 20. Jahrhundert erhalten haben und die diensteifrige Bereitwilligkeit erklären, mit der Intellektuelle für Diktatoren arbeiteten und totalitären Systemen die gedankliche Rechtfertigung lieferten.⁵ Die Diktatoren wussten freilich genauso gut wie die Fürsten ehedem, dass die geistigen Jonglierkünste sowohl zu ihrem Vorteil als auch zu ihrer Delegitimation eingesetzt werden konnten: daher das Misstrauen. Die Situation der Künstler im Umfeld der kommunistischen oder faschistischen Parteien war ähnlich prekär wie die Mozarts am Hofe des Salzburger Fürsterzbischofs Colloredo.

Wer die Idee einer »Etymologie der Bräuche« ernst nimmt, die der Sozialphilosoph José Ortega y Gasset einmal skizziert hat, wird überall in unserer egalitären Gesellschaft die Reste oder Umformungen historischer Verhaltensweisen entdecken, die auf Feudalzeiten zurückgehen. Das Fortleben solcher Muster ist übrigens so erstaunlich nicht – Formen der Adelsherrschaft haben, nimmt man nur das christliche Abendland und spart die Spätantike aus, über tausend Jahre unserer Geschichte geprägt, während eine Gesellschaft ohne ausfor-

---

5 Die gleiche Liebedienerei wurde Ende des 20. Jahrhunderts auch dem internationalen Kapital geleistet. Fieberhaft arbeiteten Intellektuelle, Nationalökonomen wie Kulturphilosophen, an der Rechtfertigung von Steuerermäßigungen für Reiche, von Privatisierungen öffentlichen Besitzes, von Gesetzen zum Nachteil der Bürger und zum Vorteil des Kapitalverkehrs. Zu diesem Zweck wurde eine Ideologie vom segensreichen Wirken des freien Marktes erfunden, an die nicht einmal die Banker glaubten, denen sie als Geschenk dargebracht wurde. Man ließ die Lakaien des Kapitals aber gewähren. Da man sie bezahlt hatte, sollten sie sich ruhig einbilden dürfen, eine schätzenswerte Arbeit abgeliefert zu haben.

mulierte Standesprivilegien seit höchstens hundert Jahren existiert.[6] Die Moderne ist nicht so modern, wie es scheint; oder andersherum gesagt: Das wirklich Moderne in der Moderne ist noch kaum verwurzelt.

---

[6] Man denke an das Mehrklassenwahlrecht, das die Standesprivilegien selbst unter den Bedingungen der Demokratie sicherte. Auch wenn es sich an der Höhe des Steueraufkommens orientierte (Zensuswahlrecht), waren doch die Bezugsgrößen (Zuschnitt und Größe der Landkommunen) meist so gewählt, dass eine Bevorrechtung adligen Grundbesitzes gewährleistet blieb.

Rangordnungen, Kränkungen

DER Adlige ist in der Regel schon deswegen kein Intellektueller, weil es sich nicht ziemt, Tätigkeiten auszuüben, die früher auf der Ebene von Dienstboten angesiedelt waren. Es gibt allerdings eine ungewöhnlich bedeutende Ausnahme, und das sind die russischen Künstler, Dichter und Wissenschaftler des 19. Jahrhunderts, die fast ausnahmslos dem Adel entstammten, dem Hochadel wie Tolstoi oder Gontscharow, dem begüterten Landadel wie Turgenjew oder dem weniger begüterten wie Dostojewski. Es waren hochgezüchtete Intellektuelle in einem Umfeld hochgezüchteter Intellektueller, die allesamt adlig waren, weite Teile ihres Publikums eingeschlossen. Das ist eine europäische Anomalie bis auf den heutigen Tag; höchstens aus dem 17. Jahrhundert Frankreichs ließen sich vergleichbar prominente Adelsintellektuelle nennen. Die Gründe werden mannigfach sein; unter anderem gab es das Bürgertum nicht, das Staat und Gesellschaft hätte in nennenswerter Zahl Akademiker liefern können.[1]

---

[1] Eine andere, eher sozialpsychologische Erklärung liefert Tschechow in seinen Dramen aus der Welt der provinziellen Gutsbesitzer, die in ihrer Abgeschiedenheit, auf sich selbst zurückgeworfen und vereinsamt, eine Neigung zur Selbstbeobachtung und

Auch den idealistischen Landarzt, diese typische Figur der russischen Literatur, muss man sich zumindest kleinadliger Herkunft vorstellen, und selbst noch die verrückten Professoren, die durch Bulgakows Erzählungen aus der früheren Sowjetzeit geistern, sind dort mit allen Attributen vornehmer Herkunft ausgestattet und entsprechend unter Druck des revolutionären Regimes und voller Verachtung für die Abgesandten der Partei.

Ein solcher Adel, der einer akademischen (nach westeuropäischer Vorstellung fast kleinbürgerlichen) Erwerbsarbeit nachgeht, ist etwas anderes als eine Herrenschicht, die dem gemeinen Volk mehr oder weniger geschlossen gegenübersteht. Er bildet eine Klasse jenseits der Klassen, für die in Russland nicht zufällig ein eigener Name gefunden wurde – die *Intelligenzija*. Das latent Abfällige, das darin mitschwingt, beruht auf der Verbindung geistiger Tätigkeit mit Geburtsprivilegien: also zweier volksfremder Eigenschaften in einem.

In die gemeineuropäische Vorstellung von Adel hat die russische Anomalie keinen Eingang gefunden, sie lenkt aber den Blick auf etwas, das wir bis-

---

hysterischen Beschäftigung mit seelischen Vorgängen entwickeln, die schon eine Vorform des Intellektuellen darstellen, bei einigen Figuren sogar das Vollbild entwickeln. Akademisch gebildet sind sie kaum, aber das ist auch nicht die entscheidende Voraussetzung, wenn man Ortega y Gassets Überlegungen zum Sozialtypus des Intellektuellen folgen will (in dem berühmten Aufsatz »El intelectual y el otro« von 1940).

her ausgeblendet haben: die innere Differenzierung des Adels, die geographischen, nationalen, historischen und sozialen Abweichungen von dem gemeinsamen Idealtypus. Wie schwer sie wiegen, ist gar nicht so leicht zu sagen; manches spricht für ein hohes Maß an empfundener Gemeinsamkeit, ein Beispiel ist das Phänomen der *Internationale bleue*, der »blauen Internationale«, die dafür sorgt, dass Adlige sich überall auf der Welt gegenseitig besuchen, auch als Logiergäste beieinander einquartieren dürfen und dabei simulieren, ein spontanes Gefallen aneinander zu finden (was in der altbürgerlichen Welt nahe an der offenen Unverschämtheit wäre).

Die Grundlage dafür legte schon vor Jahrhunderten die Kavalierstour junger Adelssöhne, die dazu diente, sich an den europäischen Höfen einzuführen, und erst später den Charakter einer Bildungsreise annahm, mit Besichtigung von Gemäldesammlungen, archäologischen Stätten und berühmten Künstlern. Ursprünglich sollten aber nur die heiratsfähigen Töchter besichtigt und die Chancen zu einer, meist militärischen, Karriere eingeschätzt werden.

Gegen eine noch heute belastbare, über die gegenseitigen Besuche hinaus solidarische Internationale des blauen Blutes sprechen die enormen Unterschiede, die zwischen nord- und südeuropäischem Adel entstanden sind, allein schon in Deutschland zwischen dem preußischen Norden, in dem nach 1918 systematisch enteignet wurde (und noch einmal mit äußerster Brutalität nach 1945 in der sowjetischen Besatzungszone), und dem Süden, wo große Vermögen und Landbesitze erhalten blieben. Die Thurn und Taxis gelten als die größten Waldbesitzer der Bundesrepublik. Die preußischen Hohenzollern gehen meist bürgerlicher Erwerbsarbeit nach, während ihre badischen Verwandten oft noch vom ererbten Besitz leben können.

Und schließlich und vor allem gibt es das historisch begründete und hierarchisch erhaltene Gefälle zwischen dem Hochadel und dem »kleinen Baron von nebenan«. Zum Hochadel rechnen einerseits die Nachkommen der Standesherren, der ehemals mediatisierten Häuser (also jener, die erst unter Napoleon ihre Reichsunmittelbarkeit verloren und den Landesfürsten untergeordnet – »mediatisiert« – wurden), und andererseits die ehemals regierenden oder heute noch einigen Staaten repräsentativ vorstehenden Häuser (also etwa die Hannoveraner, Wittelsbacher, Wettiner ebenso wie das englische oder dänische Königshaus). Protokollarisch besteht kein Unterschied zwischen dem Haus Hessen und dem Haus Windsor, sie sind untereinander ebenbürtig – aber gefühlte Meilen weit entfernt von dem einfachen Grafen oder sogar gefürsteten Grafen. Der Journalist Alexander von Schönburg (Graf von Schönburg-Glauchau, Bruder der erwähnten Gloria von Thurn und Taxis) hat in seinem Buch »Was Sie schon immer über Könige wissen wollten, aber nicht zu fragen wagten« mit unnachahmlicher Ironie erzählt, wie sich in der Familie seiner Frau, einer geborenen Prinzessin von Hessen, kaum einer merken konnte oder wollte[2], ob er nun Schönburg, Schönborn oder Schönberg hieße, was insofern eine besonders maliziöse Pointe enthielt, als die Schönburg und die Schönborn namhafte Geschlechter von standesherrlichen Würden bezeichnen und nicht recht in eine Reihe mit dem, wie auch immer berühmten, bürgerlichen Komponisten gehören.

Aus Sicht einer ehemals regierenden Familie aber vielleicht schon. In ihrer Perspektive verschwimmt alles unterhalb ihres Ranges zu einer nicht mehr deutlich trennbaren Gemengelage. Das ist der Grund, warum mitunter Bürgerliche erleben, dass sie von königlichen oder herzoglichen Prinzen (von den Prinzessinnen ganz zu schweigen) umstandsloser akzeptiert werden als von den Freiherren in ihrer Nachbarschaft. Darin liegt aber kein persönliches Kompliment, auch kein Zeichen für das Fortleben

---

2 Sich Namen demonstrativ nicht merken können, ist eine gängige Übung. Unvergesslich aus Studententagen ist mir der gutmütige Versuch eines Freundes, mich in seiner adligen Studentenverbindung, der Rheno-Bavaria in München, einem alten Herren vorzustellen. Der brave Mann konnte und konnte meinen Namen nicht verstehen, sein Ohr verweigerte gewissermaßen schon akustisch die Entgegennahme eines bürgerlichen Phonems. Nach dem dritten Versuch gab mein Freund auf, ziemlich irritiert. Ich schämte mich etwas, ihn in eine solche Verlegenheit gebracht zu haben, andererseits war ich romantisch entzückt, den Beweis eines längst untergegangen geglaubten Hochmuts empfangen zu haben.

einstiger Leutseligkeit oder angestrebter Volkstümlichkeit wie beim Alten Fritz, sondern höchstens der unwillkürliche Reflex von Majestäten, in allen Menschen, mit denen sie nicht verwandt sind, Untertanen zu sehen, die als solche Anspruch auf eine gewisse Grundsympathie haben. Für einfache Adlige kann es aber höchst kränkend sein zu erleben, wie die Standesunterschiede, die für sie höchst bedeutend sind, plötzlich nicht mehr ins Gewicht fallen – oder erst dann wieder, wenn sich eine unerwünschte Hochzeit abzuzeichnen beginnt. Aber selbst in diesem Fall ist es fraglich, ob dem Chef eines hochadligen Hauses die Verbindung seiner Tochter mit einem Bürgerlichen unerfreulicher wäre als die mit einem nicht ebenbürtigen Adelsspross. Es könnte auch umgekehrt sein, weil das demonstrativ unkonventionelle Bekenntnis zur egalitären Moderne eine souveränere Geste abgibt als die nur halb standesgemäße, irgendwie verwackelt wirkende Hochzeit mit einem Krautjunker.

Das Phänomen, dass unterhalb des eigenen Standes die Unterschiede undeutlich werden, ist kein Privileg ehemals regierender Häuser. Auch der gutmütige Baron, den man beim Spaziergang über seine sauren Wiesen in Gummistiefeln trifft, könnte eine kränkende Überraschung für Bürgerliche bereithalten, die eine hohe – allzu hohe – Meinung von ihrer Familie haben. Leicht könnte sich zeigen, dass dem Baron die feine bürgerliche Abstufung von älterem und neuerem Geld, der Unterschied von Silberbesteck aus Generationenbesitz und dem Ertrag aktuellen Anlagebetrugs, nicht ersichtlich oder sogar gänzlich schnuppe ist. Die Bürgerlichen werden die Würde ihrer Familien höchstens in dem Fall gewürdigt sehen, dass ein Vorfahr sich in die Geschichtsbücher einschrieb oder dass ihre Ausdrucksweise das Ohr des Barons auf vage Weise vertraut berührt. Letzteres kann durchaus der Fall sein. Über die Zeiten hinweg haben die beiden Klassen in ihrem Gegen- und Miteinander auch Elemente ihres Familienjargons angeglichen, bestimmte französische Ausdrücke, Salopperien von gestern, Abkürzungen und kalkulierte Sprachschlampereien. Auch die nämliche Nachlässigkeit im Umgang mit kostbarem Mobiliar und altem Porzellan, eine gewisse demonstrative Verachtung fürs allzu Gepflegte und Gekämmte und Gestriegelte, die bei der älteren Bourgeoisie eingerissen sind, könnten verwandt berühren.[3] Verlass ist aber auf den Wiedererkennungseffekt nicht. Der bloße Umstand der Nichtadeligkeit kann den Bürgerlichen in den unerkennbaren Bereich rücken, sogar mit Proletariern und Proleten zu einer grauen Masse verschmelzen lassen.

---

3 Interessant ist, wie das Bürgertum erst im Herunterkommen ein paar (wenige) signifikante Ähnlichkeiten mit dem Adel entwickelt – erst im Welken etwas erreicht, das es zur Zeit seiner Blüte auch durch bewusste Imitation und Heirat nicht herzustellen vermochte. Vielleicht zeigt sich das Abgründige dieser Klasse gerade darin, dass die zivilisatorische Höherentwicklung den historischen Abstieg zur Voraussetzung hat.

Und ist das so falsch? Nichts schützt den Bürger, kein Name und kein Titel, jederzeit wieder in die Tiefe des Volkes herabzusinken, aus der er gestern erst oder vor Jahrhunderten aufgestiegen ist. Das Prinzip Leistung, auf das er sich so viel einbildet und das er zum Punkt seines Stolzes gemacht hat, ist auch das Prinzip, das jederzeit seinen Untergang organisieren und alle Differenzierung, die in Wahrheit adelsgleich fein gestufte, wieder rückgängig machen kann.

Aber wie vergänglich auch immer, spielt die historische Ausdifferenzierung des Bürgertums doch für unsere Betrachtung eine entscheidende Rolle. Es gibt nur wenige Punkte, in denen sich das Bürgertum als monolithischer Block dem Adel gegenüberstellen lässt – das Leistungsideal, die Bedeutung von Geld und Bildung für Rang und Status, der Umstand, dass die Familiennamen nichts bedeuten und nichts aussagen.[4] Um jedoch darüber hinaus einen sprechenden Gegensatz zum Adel hervortreten zu lassen – einen Gegensatz, der nicht nur von Banalitäten handelt –, braucht es einen

---

4 Herr Albrecht könnte irgendein Albrecht sein oder aber auch ein Angehöriger der für ihre Supermärkte berühmten Familie. Nur wenige bürgerliche Namen können, wegen ihrer Seltenheit oder weil sich ihre Träger auf einzigartige Weise in die kollektive Erinnerung eingeschrieben haben, zur Identifikation dienen – Krupp, Bosch, Siemens sind solche Namen, nicht zufällig bezeichnen sie Industriellendynastien. Gleichwohl sind sie kein Exklusivbesitz und können auch harmlosen Durchschnittsbürgern gehören; eine Quelle von Scherzen und Missverständnissen.

bestimmten, nicht irgendeinen Typus von Bürger, nämlich einen, dessen Familiengeschichte hinreichend tief genug in die Vergangenheit herabreicht, um an den historischen Klassenkämpfen teilgenommen und den Habitus entwickelt zu haben, der in ähnlicher Weise wie der adlige Habitus von Dekadenz betroffen werden konnte, wenn auch mit charakteristisch anderen Resultaten. Nur dieser Bürger taugt als Folie, auf der sich die interessanteren Eigenheiten des Adels zeigen lassen, insbesondere die folgenreichen der Sprache, des Seelenlebens und des Weltverhältnisses.

Und hier wird man nun leider sagen müssen, dass ein solcher Bürger, dessen Vorfahren spätestens um 1900 alle Merkmale seiner Klasse ausgeprägt haben müssten[5], nicht mehr häufig anzutreffen ist – oder jedenfalls nicht mehr in bürgerlichen Lebensumständen. Größtenteils wird er längst wieder abgestiegen sein, zurückgesunken in den Humus des Volkes, und seine Herkunft höchstens noch durch

---

5 Gesucht ist leider nicht der abstrakte Idealtypus des leistungsbesessenen Aufsteigers, der wahrscheinlich unsterblich ist, sondern ein historischer Typus, weil nur dieser auch mit dem historischen Typus des Adligen verglichen und präzise bestimmt werden kann. Für all das andere, was inzwischen entstanden und emporgequollen und zu bürgerlichen Lebensumständen gelangt ist, aber nicht zu bürgerlicher Mentalität, lässt sich kein scharf umrissener Begriff finden. In der marxistischen Tradition gab es die Formel vom »entwurzelten Kleinbürgertum«, der Politologe Herfried Münkler spricht vorsichtshalber von den »unterbürgerlichen Schichten«. Vielleicht überschneidet es sich mit dem, was Soziologen früher das »Heer der Angestellten« genannt haben

Verschrobenheit oder einen nervösen Tick verraten. Keinesfalls kann er als repräsentativ gelten für das, was heute unter Bürgerlichkeit verstanden wird. Das paradoxe Resultat besteht darin, den Adel durch Gegenüberstellung mit einem Typus charakterisieren zu müssen, der längst seltener geworden ist als die Adligen selbst.

Glücklicherweise haben wir die Möglichkeit, die Perspektive umdrehen zu können und den Bürgerlichen durch das Glas des Adels betrachten zu können, das die Merkmale der Herkunft nur unscharf abbildet und ganz andere Unterschiede hervorstechen lässt. Es sind vor allem die Berufe, die in der aristokratischen Optik den Bürger charakterisieren – es sind die Handwerker, die Unternehmer, die Ärzte, Pfarrer und Anwälte, die Politiker und Journalisten, die der Adlige vor sich sieht und als Spielarten des anderen, des ehemals Dritten Standes identifiziert. Sieht er darüber hinaus überhaupt Gemeinsamkeiten?

Das ist ein entscheidender Punkt. Denn tatsächlich identifizieren sich die Nichtadligen selbst weitgehend über ihre Erwerbsarbeit und beziehen von

---

oder Soziologen heute als den »mobilen Teil der Gesellschaft« charakterisieren. Der Bürger, um den es hier geht, kann aber nicht wahllos aus einem Heer von Aufsteigern und Angestellten herausgegriffen werden, denn das hieße, den Adel lediglich einer unkonturierten Masse gegenüberzustellen, womit wir zu dem alten französischen Gegensatz von *Noblesse* und *Roture* zurückgekehrt wären und die fünfhundert Jahre Gesellschaftsgeschichte übersprungen hätten, um die es hier geht.

ihr das Bewusstsein ihres Ranges, ihrer Unterschiede und Gemeinsamkeiten – und bei genauer gegenseitiger Beobachtung lautet das Urteil oft auf nicht existierende Gemeinsamkeit. Der bürgerliche Teil der Gesellschaft erkennt nur wenig Gründe für innere Verwandtschaft und Zusammenhalt. Dagegen lässt sich jederzeit beobachten, wie für den Adel die Erwerbsarbeit, zu der die meisten seiner Mitglieder inzwischen verurteilt sind, nicht die geringste soziale Rolle spielt – es ist unerheblich, ob die Gräfin als Eventmanagerin, die Baronin als Sekretärin, der Graf als Anwalt oder der herzogliche Prinz als Immobilienmakler arbeiten.[6] Wenn sie zusammen und unter sich sind, fallen die Berufe von ihnen ab, und sie sind nur noch das, was sie von Geburt an waren. Ihre Tätigkeiten in der Außenwelt, mögen sie noch so erbärmlich oder glanzvoll sein, können sie nicht erhöhen oder erniedrigen, höchstens interessant oder bedauernswert machen, aber in keinem schwerwiegenden Sinne.

Nur der Nichtadlige wird sich wundern, die Augen reiben, im Einzelfall sogar entsetzen, wenn er von dem Grafen hört, der so weit heruntergekommen

---

[6] Gerne werden auch die eigene gute Erziehung und Geschmacksbildung zur Grundlage eines Berufes gemacht – als Innenarchitekt, Dekorateurin oder Benimm-Lehrerin für die barbarischen Aufsteiger ins höhere Management. Eigentlich könnte diese Indienstnahme der Standesvorzüge zu Zwecken des Gelderwerbs als besonders traurige Form der Prostitution gelten; aber siehe da – auch diese Selbstpreisgabe verzeiht sich der Adel.

ist (wie ihm scheint), dass er Kräuterlimonaden aus dem Kofferraum des Autos heraus verkauft, oder wenn er ihn in zwielichtige Immobiliengeschäfte verwickelt sieht. Die Frage, welche Berufsfelder dem Aristokraten angemessen sind – neben der Landwirtschaft früher eigentlich nur das Militär und der Staatsdienst –, ist aber keine Frage mehr, die den Adel sonderlich interessiert; insofern hat er seinen resignierten Frieden mit der modernen Welt gemacht, ist in gewisser Hinsicht sogar moderner und vorurteilsloser als der Bürger, der immer glaubt, etwas erreichen zu können und zu müssen.

Dieser Bürger, der sich über die adligen Zufallsberufe wundert, verrät damit allerdings, dass er heimlich noch an etwas anderes glaubt: an eine wirkliche Besonderheit des Adels, die zu besonderer Eleganz in jeder Hinsicht verpflichtet, auch in der Berufswahl. So kann er sich nur schwer beruhigen, wenn er den Aristokraten eine Tätigkeit ergreifen sieht, die selbst in bürgerlichen Kreisen als unehrenhaft gilt. Womöglich wird er sich fragen, ob der Adlige am Ende glaubt, durch seinen Titel den Beruf des Immobilienmaklers von dessen Anrüchigkeit befreien zu können – und gerne würde er ihn auf die Gefahr des gegenteiligen Effekts hinweisen, dass nämlich der schlawinerhafte Eindruck so recht erst entsteht, wenn sich der Makler sein Grafenkrönchen aufsetzt.

Das überaus Windige, das der Kombination von Anlageberatung und Adel, von Immobiliengeschäft und Adel (und anderem mehr) in der bürgerlichen Perspektive anhaftet, entspringt wahrscheinlich ältesten Schichten der kollektiven Erinnerung – an Zeiten, in denen der adlige Windhund brave Leute auf seinen Schulden sitzen ließ, brave Töchter um ihre Jungfräulichkeit brachte und sich überhaupt um Verbindlichkeiten des bürgerlichen Rechtsverkehrs nicht scheren musste. Indes – genauso wenig, wie der Bürger das Ungeschickte und Tolpatschige ahnt, das sein geselliger Auftritt in adligen Augen hat, ahnt der Aristokrat das Unseriöse, das ihm in bürgerlicher Perspektive anhaften kann.

So haben sich auch solche Missverständnisse und perspektivischen Täuschungen bis auf den heutigen Tag erhalten und können jederzeit überraschend wirksam werden. Aus ältesten Zeiten überhaupt ist die Neigung der bürgerlichen Öffentlichkeit überkommen, sich als Aufsichtsinstanz des Adels zu inszenieren. Hierin ist auch das eigentliche Motiv der Regenbogenpresse zu vermuten, deren Klatschgeschichten über Adelshochzeiten und Adelsskandale sich nur vorgeblich der Bewunderung verdanken. In Wahrheit werden mindestens ebenso viel Neid und Zensurgelüste befriedigt.

Nicht nur unstandesgemäße Beschäftigungen sieht der Bürger beim Adel kritisch (und mit heimlicher Schadenfreude, dass es so weit gekommen ist), überaus ungern sieht er auch die Verdünnung des blauen Blutes durch Einheirat bürgerlicher oder gar unterbürgerlicher Elemente. Im Falle von

Königshäusern wird zwar mitunter die Wahl eines volkstümlichen Gatten gelobt, aber vielleicht auch wieder nur in der Freude, etwas herunterkommen zu sehen. In der Nachbarschaft würde man jedenfalls den Masseur, das Fernsehsternchen oder die Nachrichtensprecherin nicht ohne Häme an der Seite des Grafen sehen.

Und zwar selbst dann, wenn man sich selbst gerne durch eine verwandtschaftliche Beziehung zum Adel erhöht sähe. Es wird hier geradezu fiebrig mit zweierlei Maß gemessen – als könne der Nichtadlige sich nicht entscheiden, ob er es leichter erträgt, wenn der Adel sich sorgfältig apart hält und jeder Vergleichbarkeit entzieht oder wenn er dem Bürger ein wenig entgegenkommt und ein paar Tropfen vom roten Blut nimmt. Hat er den demokratischen Schluck aber getan, wird sogleich wieder hämisch bemerkt, es könne mit dem Adel ja wohl so weit nicht her sein, wenn er dazu bereit ist.[7]

So sind Junkerhass und Kronenkraxlertum nur zwei Seiten einer Medaille. Der Kronenkraxler, so der österreichische Ausdruck für den, der weder

---

[7] Zu den scheußlichen Hervorbringungen des Antisemitismus Anfang des zwanzigsten Jahrhunderts gehörte der »Semi-Gotha«, der das berühmte Genealogische Handbuch des Adels parodierte, indem er (oft nur scheinbar) geadelte Juden listete und in seinem dritten Jahrgang (1914) die adligen Ehen mit Töchtern wohlhabender Juden aufführte. Der höhnische Doppelsinn des Titels zielte einerseits auf den Semi- (also Halb-) Adel der aus diesen Ehen hervorgegangenen Nachkommen und andererseits auf den semitischen, also jüdischen Anteil des Blutes.

Schweiß noch Mühen beim Aufstieg zu einer bekrönten Hochzeit scheut, sollte eigentlich als unwürdige Gestalt gelten – als ein Snob im hässlichen, ursprünglichen Sinne des Kunstwortes, das aus *sine nobilitate* gebildet wurde (ohne Adel, auch ohne Vornehmheit). Aber in der gesellschaftlichen Wirklichkeit ist gerade der Snob nicht zu übertreffen an Attributen der Vornehmheit – kein Adeliger wird sich jemals so adelig benehmen, geschweige denn kleiden. Bevor man über diesen Snob spottet, sollte man sich allerdings fragen, ob er nicht die kniefälligste Huldigung an den Adel zum Ausdruck bringt – den Kniefall, der in der Imitation besteht.

Man könnte sogar auf den Gedanken kommen, dass es bürgerlicher Snobismus ist, der den Adel am Leben hält. Was würde aus einer Klasse, die immer auf Repräsentation gesetzt hat und den demonstrativen Konsum erfunden hat, wenn sie ohne Betrachter, ohne Bewunderer und Nachahmer dastünde? So sehr adliger Hochmut nahelegt, den bürgerlichen Zaungast, Verehrer und Heiratsanwärter zu verachten, so fatal könnte es ausgehen, wenn sich der Adel, ungesehen und unbeachtet, ganz auf die eigene Welt zurückgeworfen erleben müsste. Würde er sich als Adel überhaupt erleben können?

Und vielleicht gehören zum Selbsterlebnis auch die gelegentlichen Eheschließungen mit Bürgerlichen – nicht nur zur finanziellen Sanierung. Wo ließen sich Differenzen besser pflegen als in einer Ehe? Und übrigens auch von außen beobachten und kommentieren. Das ausführliche Besprechen von Mesalliancen ist ein eigenes Genre der Konversation in den Salons. Wie viele Mutmaßungen sind nicht schon allein über die bürgerliche Mutter Bismarcks angestellt worden, ihre zugestandene Bildung, missbilligte Kompliziertheit und charakterliche Wirkung auf den Sohn. Hatte sich der durchtriebene Kanzler nicht weit von dem braven Junkermilieu des Vaters entfernt? »Die Mutter, die hat ihn bös' gemacht.«

Und natürlich ist der frisch erworbene Standesstolz der eingeheirateten Bürgerlichen ein ewiges Thema. Leider ist es auch meist so, dass die Kronenkraxler, kaum dass sie den Gipfel erklommen haben, auf alle übrigen Kraxler herabschauen und sich im gesellschaftlichen Umgang überhaupt von Bürgerlichen fernzuhalten versuchen, als drohte bei jedem Kontakt die erneute Infektion mit einer Krankheit, von der sie durch die Heirat glücklich genesen sind – die Krankheit der niedrigeren Herkunft. Bevor sich ein Nichtadliger über kränkenden Hochmut eines Aristokraten beklagt, sollte er ermitteln, ob es sich wirklich um einen geborenen Aristokraten handelt. Die Wette steht zehn zu eins, dass es sich um einen bürgerlichen Ehepartner handelt.

Auch wenn Eheschließungen zwischen den beiden Ständen, zumal im Frankreich und England des 18. Jahrhunderts, eine gängige Übung zur Vermögenssicherung waren und auch im 19. Jahrhundert nicht abrissen, sind sie doch Gegenstand argwöhnischer Beobachtung geblieben – und liefern auch heute noch das Material dazu. Eine Posse, die vor zwei Jahrzehnten in München umlief, betraf die Verlobung einer Dame aus ältestem bayerischen Adel mit einem Bürgerlichen. Die Hochzeit scheiterte am Streit über den künftigen Familiennamen. Die junge Dame wollte den ihren nicht aufgeben – aber auch nicht mit dem Gatten teilen, es wäre ihr, wie sie bereitwillig mitteilte, als unrechte Nobilitierung erschienen. Der Mann indes wollte keine Ehe mit getrennten Namen eingehen, was gesetzlich immerhin möglich gewesen wäre; und vielleicht hatte er ja auch wirklich auf das Geschenk eines Adelsnamens gehofft. Man durfte darüber lachen. Es zeigte aber, dass der Adel ganz offenbar ein anhaltend geschätztes Gut darstellt, vielleicht, weil es auf einen Mangel in der modernen Gesellschaft hinweist, vielleicht aber nur, weil es sich um eine rare Ware handelt, die deshalb im Preis nicht gedrückt werden kann. Bei solchen Waren werden traditionell die Käufer stark beachtet, erst recht die Räuber.

Auch deshalb hält sich um den Adel herum, ganz wie in ältesten Zeiten, ein weitläufiger Hofstaat von Bewunderern, Neidern, Berichterstattern, Aufsehern, Schmarotzern, Mitessern und Erschleichern von Titeln. Allein dieser Hofstaat genügt, den Adel am Leben zu halten, wie in einem Bienenstock, in dem alles um die Königin kreist und brummt.

Das unverlierbare Erbe

DAS Wichtigste an dieser Betrachtung ist das Datum ihrer Entstehung. Wir schreiben das Jahr 2018. Hundert Jahre zuvor hätte man, je nach politischer Position, vorsichtiger oder deutlich giftiger über den Adel geurteilt. Hundert Jahre später wird man es wieder anders, manches vielleicht gar nicht mehr sehen. Gegenwärtig zielt die Frage, was vom Adel blieb, gewiss nicht ins Herz der Gesellschaft. Es berührt aber immer noch vitale Gefühlslagen, Mechanismen des öffentlichen und privaten Lebens, heimliche Prämissen des Denkens und versteckte Grundannahmen unseres Handelns. Auch wenn es manche ungern hören (aber allein das ist schon ein verdächtiges Indiz), hat sich doch allerlei von adligen Usancen einerseits und von der gesellschaftlichen Auseinandersetzung mit dem Adel andererseits erhalten: die emotionalen Reflexe auf Glanz und Hochmut, die Fußspuren der bürgerlichen Absetzbewegung[1],

---

[1] Und mehr als Spuren: Der ganze Tugendkatalog, der heute in den grünen und linken Parteien fortlebt, die Ideale von Konsumverzicht, Authentizität und Selbstdisziplinierung, die Kargheit, Prüderie und Freudlosigkeit, die meist gedankenfaul und kenntnisarm dem Protestantismus zugeschlagen werden, sind einst im Antagonismus zum Adel entstanden.

die prekäre Rolle des Intellektuellen; auch der Gegensatz von Innerlichkeit und Konvention, von Gewissensmoral und Standesehre; vor allem aber die Erinnerung an eine ganz andere Gesellschaftsform, die schon deswegen, weil sie einmal war, eine Möglichkeit und Herausforderung bleibt und das Selbstverständliche des Leistungsprinzips in Frage stellt, das heute zur Rechtfertigung neuer Ungleichheit und Ungerechtigkeit herangezogen wird.

Damit ist aber nur eine Teilantwort auf die Frage nach dem Erbe des Adels gegeben: nämlich inwiefern es innerhalb der modernen Gesellschaft und außerhalb seines Ursprungs fortlebt. Der andere Teil müsste beantworten, was innerhalb des Adels von seinem ursprünglichen Charakter erhalten geblieben ist. Das ließ sich hier nur andeuten, weil für eine vollständige Übersicht vor allem aufgelistet werden müsste, was alles verloren und verwässert und bürgerlich überfremdet worden ist. Aber einmal abgesehen davon, dass eine solche Negativliste deprimierend und taktlos wäre (einen unguten Triumphalismus der Moderne verriete), liegt der wesentliche Verlust auf der Hand und muss in seinen naheliegenden Konsequenzen nicht ausbuchstabiert werden: Es ist der Verlust der Macht.

Die Sieger schreiben die Geschichte, so heißt es, und zu den Siegern gehört jedenfalls nicht der Adel, den man schon vor mehr als hundert Jahren auf die Liste der »aussterbenden Klassen« gesetzt hat, übrigens gemeinsam mit der alten

Bourgeoisie. Aber während letztere tatsächlich ausgestorben ist und nur noch an einigen wenigen lebenden Fossilien studiert werden kann, hat der Adel zwar als randständiges Milieu, aber mit festumrissenem Profil überlebt. Das allein ist staunenswert und sollte den Siegern der Geschichte, die ihrerseits gar kein Profil, sondern nur Masse zeigen, einen gewissen Respekt abnötigen.

Zumal sie sich an einer Hinterlassenschaft des Feudalismus fortdauernd erfreuen, die wir bisher nicht erwähnt haben. Das ist das materielle Erbe des Adels – die Burgen und Schlösser, das Kunsthandwerk, die Malerei, zu Teilen auch die Musik von Jahrhunderten, die ohne aristokratische Auftraggeber und aristokratisches Publikum nicht in die Welt gekommen wären. Es stimmt schon, dass sie das siebentorige Theben (um Bertolt Brechts Chiffre zu nehmen) nicht eigenhändig erschufen. Handwerker und Künstler mussten für sie tätig werden, auch Leibeigene und Städter ausgeblutet und ausgebeutet werden. Manchmal erschufen adlige Bauwut und adliges Luxusverlangen auch Wohlstand; in der Regel allerdings nicht. Aber was wäre ohne die Ausbeutung entstanden? Was hätte eine gerechtere und egalitäre Gesellschaft in früheren Jahrhunderten anderes geschaffen, als was die egalitäre Demokratie heute schafft – Massenquartiere und Basare?

Wir zehren von der Ungerechtigkeit der Adelsherrschaft bis auf den heutigen Tag. Städte und ganze Regionen leben von einem Tourismus, dessen Attraktionen Schlösser, Hoftheater und fürstliche Sammlungen sind; insofern profitieren die Nachfahren auch der einst Geschundenen inzwischen von der Fron ihrer Altvorderen, eine paradoxe Form der historischen Gerechtigkeit, aber von erheblichem volkswirtschaftlichen Gewicht. Wie schwer es wiegt, lässt sich daran ermessen, dass die meisten Hinterlassenschaften inzwischen in staatlicher Obhut stehen; kaum ein Erbe der einstigen Bauherren könnte Erhalt und Pflege leisten. Aber bei kleineren Besitztümern geschieht mitunter selbst das, mit beträchtlichen finanziellen Opfern, und wer den Privatbesitz an Schlössern neidet, sollte sich einmal anschauen, wie manche Aristokraten darin leben: oft in kleinen Appartements am Ende der Zimmerfluchten[2] oder in der ehemaligen Remise. Dass sie das tun, hat mit Stolz zu tun, auch mit einem letzten Reflex einstiger Prunkliebe, aber die Allgemeinheit profitiert davon.

Pracht und Glanz der abendländischen Kultur sind das, was von der Adelsherrschaft blieb; nur ein weniges davon trug auch das Bürgertum bei,

---

2 In einer der schönen *Ville Venete*, die nach palladianischem Vorbild entstanden, habe ich einmal gesehen, wie sich die Familie in einer winzigen Einliegerwohnung unter dem Dach zusammendrängte, weitgehend mit Ikea-Möbeln eingerichtet. So hatten die Besitzer selbst ihren privaten Lebenszuschnitt dem Erhalt des gewaltigen Gebäudes geopfert, von dessen marmorner Pracht sie nur etwas sahen, wenn sie das Treppenhaus benutzten.

und das meist nach adligem Vorbild. Der Künstler, der sich heute als Malerfürst inszeniert, entsprechend gebieterisch auftritt und übrigens auch gerne Schlösser bewohnt, verrät damit unwillkürlich, was ihm fehlt – das aristokratische Gegenüber. Er muss beides in einer Person sein, adliger Auftraggeber und ausführendes Genie.

Und so gibt es noch eine ganze Reihe sozialer Positionen, mit denen versucht wird, die Rolle des Adels zu besetzen oder zu substituieren; der Popstar war nur ein Beispiel. Ein anderes sind – in Politik, Wissenschaft und Sport – die Altersautoritäten, an denen die kollektive Fantasie so fieberhaft arbeitet, und zwar um so erfolgreicher, je schlichter, ja trotteliger ihr Träger, ihre Trägerin sind. Sie sollen dem üblichen Leistungs- und Intelligenznachweis gerade nicht genügen. Die Unabhängigkeit, die sie zum Orakel prädestiniert, beruht auf der Unabhängigkeit von Maßstäben, die im gemeinen Volk gelten – nicht anders als bei einem Fürsten ehedem, der ja auch weder ein Zeugnis vorlegen noch einen Intelligenztest machen musste. Darauf beruhen Popularität und Aura der senilen Fußballtrainer, Staatsmänner und friedensbewegten Altphysiker. Sie ähneln dem mürrischen Grafen in Hauffs Märchen, der alles mit den Worten kommentiert: »Weiß schon, dummes Zeug.« (Und das trifft ja auch meistens zu.)

Das sind nur Beispiele, kleine Pointen. Aber sie zeigen, dass eine Rolle vakant geblieben ist. Auch in der Moderne gibt es noch den leeren Platz, der auf den verweist, der ihn einst innehatte. Im Sinne einer negativen Dialektik ließe sich sagen: Vom Adel blieb, dass er der Gesellschaft zu fehlen begann, kaum dass er abgetreten war.